我常慶幸能生於台灣，
是它造就了我及許多的人，
但似乎驟然間我們失去了方向。
台灣沒有期待的好，
但也絕對沒有想像的糟，
只要你我願意，
捲起袖子，我們就是改變的力量！

嚴長壽

你就是改變的起點

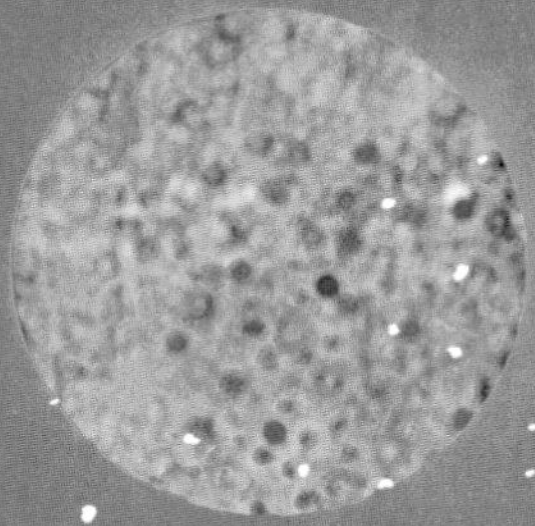

嚴長壽 著

蔡國強先生的作品「撞牆」，象徵人類歷史上常有愚蠢的集體錯誤，
衷心盼望台灣能跳出這樣的輪迴，走出歷史的宿命。

目錄

第三部

來到教育現場，學習真的不一樣

序文

醒醒吧！選民，我們才是扼殺台灣民主的殺手！

在二〇一一年我寫了《教育應該不一樣》，我為該書序言下了一個標題：「這是教育的『共錯結構』，我們必須共同承擔！」

這本書第一章的章名開宗明義即寫道：「醒醒吧！家長。」內文一開頭，我直率地說出心中所思、所感：「以愛之名，父母無意間成為孩子成長最大的絆腳石。醒醒吧！家長，你可能就是扼殺孩子天賦的頭號殺手，也是教育改革的最大阻力！」

三年後的今天，眼睜睜地看著台灣明明享有亞洲最自由民主的條件，但政治的亂象卻像一輛失控的列車般，無法駕馭，在在讓選民們充滿無力感，甚至挫折感。不願放棄的我，最後仍選擇提起筆來，鼓勵大家一起為台灣的未來打氣！

我常常慶幸，今生能夠生於台灣，成長於這個年代，從一個理應完全沒有機會的平庸小子，成為現在的我，是台灣造就了我！同樣地，台灣也造就了許許多多成功的典範。但驟然間，回首過去這十多年來，我們似乎眼睜睜看著台灣迷失了方向。在許多深夜的反覆思索下，我仍然無法放棄！我希望陪著所有的朋友，一起冷靜地重新檢驗台灣的問題。這次，我不想再站在批判的立場，希望真實地面對每一個問題，陪著大家從自身的角度出發，發掘問題最終的根源，尋求根本解決的辦法。

中國的通俗小說中，「周處除三害」是一個膾炙人口的民間故事，而「除三害」故事中最精采的一段就是：描述劇中主人翁周處，發現自己原來正是那三害的其中之一，於是篤志讀書，砥節礪行，修正自己的品德，最後成為一代忠臣。

這個故事其實反映著常民文化裡，我們從來不缺這種規勸自省的價值觀。懷抱著同樣的心情，我想，就讓這本書的開頭，從身為一個民主社會的選民角色展開自我反省，所以序言的標題，請容我再度直言：「醒醒吧！選民，我們才是扼殺台灣民主的殺手！」

當我們享有了民主機制，票選出代表我們的民意代表，但是我們卻允許他們在國會的殿堂，公開上演荒腔走板的戲碼，然後既無力、又無法制止這一切的發生；當我們看著媒體蓄意扭曲的不實報導時，我們卻仍不自覺深陷其中，甚至隨之起舞。問題的最終依然是，身為選民與讀者或觀眾的我們，要負起責任、承擔後果。當我們看到孩子們不負責任的言行舉止，當然也是我們所設下的不良示範，我們當然也必須要為孩子的行為負起責任、承擔後果。

二次戰後嬰兒潮出生的我們這輩，躲過了戰爭的洗禮，可以說是最幸運的一個世代！回顧上一代，承受戰爭的百般威脅，面對生靈塗炭、朝不保夕、家庭與親人分離等，種種人間最嚴酷的考驗。而我們雖然起步時面對百廢待舉、經濟蕭條，但也被賜予了從無到有、快速成長發展的契機。幸運的我們，不論出國念書到國際學習，或留在國內耕耘，都能在困苦中找到出路，最後獲得成就。

這一代的我們是如此志得意滿，在經濟上或多或少都已經為自己、為國家締造了一個舒適安定的環境；在政治上，從極權到民主，比起世界各國為爭取民主付出的慘痛代價，我們似乎沒有造成太多流血遺憾，就把台灣帶到一個民主自由的國度。我們都認為是我們為下一代造就了一個更完美、更安定的未來，如果年輕人不爭氣、不把握，那是他們不夠努力的結果。

但是，朋友，事實不是這樣的！

希望、失望與絕望

當我們好不容易爭取到政治民主，我們並沒有學會正確地監督政府、理性地監督國會，反而一路縱容他們變成權力的怪獸，甚至完全失控。當我們爭取到經濟狀況的穩定，卻開始縱容下一代，只要求他們讀書，剝奪了他們應該要為社會、為自己負責的能力。我們以自己的經濟實力，強迫孩子按照過去的成功經驗來走，卻壓制了他們開啟天賦、探索自我、服務人群的能力。在我們的保護傘下，他們失去了自主能力；在我們自以為善意打造的溫床中，失去了危機意識，更在我們一再寵溺愛護下，失去了面對挑戰的勇氣。

如今仔細想想，在面臨世代交棒之際，現在的他們暫時擁有我們上一代努力所留下來的資產，但是再下一代呢？是不是還能有機會在更開放的環境中與全世界競爭？上一代的我們雖然曾經一無所有，從零做起，卻懷抱無限希望。這一代的他們，生於安樂、充滿保障，卻屢屢因為找不到謀生出路，而對未來失望。再下一代的子孫，更將面臨國家負債、少子老化、資源耗盡至完全無法承擔的絕望困境。

希望曾經是我們燃起，但問題也是我們造成！因此，我呼籲所有尚有能力、衣食無虞的朋友，問題既然是我們所造成，也必須在我們手中解決，讓我們捲起袖子，從自己做起，面對改變！

因此，在下面的篇章，我將會逐步地抽絲剝繭，陪伴大家從自己出發，反省問題。台灣過去承載了這麼多人的努力，好不容易才讓我們獲得今天的成果。當然你我都一定不甘心，也不願意看到台灣就此沉淪！一步之遙，一念之轉，台灣可以不一樣！

著手寫下此序之前，特別徵得老友蔡國強先生的應允，將他曾於台北美術館展出的「撞牆」畫面呈現在本書的首頁，因為這幅畫給我很大的震撼，也是對人類無法記取歷史教訓最直接的警示！衷心地盼望台灣能夠走出這樣的輪迴，走出歷史的宿命！

第一部

真正的自由，來自覺察與行動

表面上看，台灣社會無比自由。我們有言論自由、行動自由和思想自由。然而，我們真正自由嗎？藍綠的僵化價值、媒體的扭曲傳播、訴諸情緒的民粹思維，甚至網路社群的同仇敵愾，是否正在不知不覺中，模糊我們的判斷力、動搖我們的價值信念、腐化我們的公民素養？我們是否已被影響、操控而不自覺？

如果你曾無力困惑，卻始終不願放棄對台灣未來更好的期盼，你一點也不孤單。我們都一樣，在黑暗中摸索前進，努力讓自己成為照亮改變道路的那一盞微光。

有效用的改變，來自清明的覺察與行動。讓我們對民意代表、政治人物、媒體，更重要的是，對自己身為公民的角色，一一檢視，找出促發改變的那一個支點，勾勒出未來的方向。

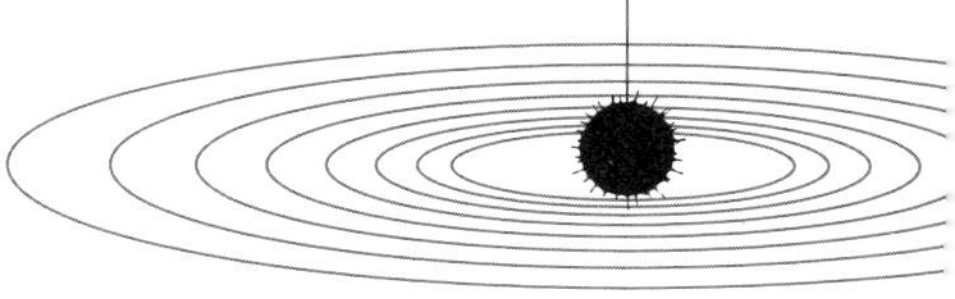

chapter 01

活出不被操縱的人生

去年中秋節前不久，我回到台北住家，樓下忽然傳來敲門聲。下樓一看，是區幹事來訪，他需要我提供印章，好在一份文件上蓋章，以便請領市府發放的一千五百元敬老津貼。我驀然驚覺，原來人生已到黃昏，已經要被「敬老」了！我當下的反應是拒絕，不是拒絕承認年紀，而是覺得「這個經費應該用在更需要的人身上」。沒想到送錢來的地方工作人員顯然第一次遇到這種情況，她說：「這樣我們很難處理，何況這是政府給的，你不要白不要，不拿白不拿啊！」對方如是勸我，但我最終還是堅持拒絕。

關上大門，走回房間時，一件遙遠的往事突然自記憶深處浮現。那是一九八八年，我銜命為亞都麗緻在北美籌設新飯店。當時一方面抱著破釜沉舟的決心，一方面也為了孩子還小，不捨得分離，決定全家移居溫哥華。才搬好家不久，熱心的鄰居即提醒，如果在加拿大每年所得低於一個基本額度，就可以替孩子申請「牛奶金」，但這個訊息最後卻被大部分華人解讀為，只要在加拿大沒收入，理所當然可以得到兒童營養補助費，而此項津貼會一直持續每月滙到申請人的戶頭，一直到孩子十八歲為止。我當時覺得奇怪又荒謬，左鄰右舍的加拿大鄰居卻都說：「應該申請啊！」這麼封往事提醒了我，不分台灣或加拿大，顯然全世界的政客都一樣，不吝爭取公共資源，以籠絡選民。而許多真正該用、卻欠缺的經費，是否在這些表面上的「討好選民」政策中犧牲了？①

培養不被收買的能力

當晚，我難以釋懷。身為公民，對於這類遍地揮灑的「津貼」，我們是否擁有說「不」的權利？或者更貼切的說，我們是否有自我反思的能力，能夠想到這不應該是「不拿白不拿」，而是我拿到的錢，表面上是縣市首長為了選

① 最近加拿大政府評估原來的投資移民計畫無法達到預計目標，因為大部分投資移民很少在加拿大繳稅，卻坐享所有政府福利，於是二〇一四年正式宣布取消已連續實施二十幾年的投資移民計畫，並退回所有的申請。過去最大宗的申請來自香港與台灣，近幾年所有的申請案幾乎九〇%來自中國大陸。

舉承諾而施捨的善意，實質上卻是國家日漸虧損的預算、下一代無法承受的債務，或是對弱勢更需要的協助，以及國家更重要的政策經費。

面對有限的資源，我們採取何種態度，是一種社會良知，也是我們天天都可能碰到的價值考驗。如果我們評估自身經濟能力不足，接受政府資源協助，理所當然。但往深一層反思，我們是否常在不必要，甚至不應該的情況下，取用不需要的資源？如果奮鬥一生，我們已有能力過充裕的退休生活，還需要以「資深公民」請領敬老金或不當的老農年金嗎？如果我們這一代，不能自我節制，我們將留給下一代怎樣的未來呢？

過去十年，台灣每年平均新增的債務高達一．八五三億[2]，如果按照這個速度惡化，二〇一六年的預算即將無法編列，政府財務已在崩潰邊緣。從收入層面來看，政府在稅制設計對資本家太過寬厚固然是原因之一，但從支出層面來看，太多資源浪費在政客為了籠絡選民，不斷加碼大開支票也是問題所在。二〇一四年和二〇一六年又是選舉年，暫且不論即將參選的政治人物又將開出哪些社福支票，做為選民的我們，是否有能力看穿政治人物媚眾、不擇手段的伎倆，做出理性及對台灣永續生存有利的選擇？這，考驗我們是否具備不被收買的能力。

老農津貼就是標準的選舉收買。從一九九五年三千元、二〇〇四年四千元，每逢選舉不分藍綠共同加碼，到如今每月七千元。監察院調查卻發現，台灣目前實質從事農業的人口大約五十餘萬人，但農保投保人數卻多達一百四十萬人。許多人是在六十五歲以後才「轉職」為農民，為的就是老農津貼以及農保。面對一生辛苦耕作、守家護土的老農，每月發給一萬元都不為過，但以假農民身分請領津貼與修耕補助的投機者，每一塊錢都應該追回國庫。當各種補貼政策吃掉三分之二的農業預算大餅後，還剩多少錢可挹注於台灣的農業升級？

② 資料來源：二〇一三年九月《天下雜誌》報導。

我們是否雙重標準？

但是，是誰選出這些極力籠絡選民的政客呢？選票握在每一個公民手中，也就是你和我身上。我常認為台灣的民主只做了一半：只在前半段投票選出候選人。我們自豪於台灣的民主制度，卻讓民主停在投票的那一天。如果我們只是選出立委（或各級民意代表），卻不去監督，以及引導他們做出正確的事，最終的惡果是大家一起承擔。在憲政結構下，行政首長由民意代表監督，能制衡民意代表的卻只有選民。大部分的我們，大部分的時刻都讓自己的權利睡著了，對現況無奈，卻毫無行動力。

身為公民，除了應該關心公共政策，對民意代表善盡積極監督之責，也該自省是否無意間抱持了雙重標準？一面批評政策和民意代表不該媚俗，向民粹式民意妥協，一面卻成為「不拿白不拿」、各項「福利」的上癮者？甚至為了自身利益進行不當關說，誘導民代將個案的關說美化成選民服務，名正言順、理所當然地破壞了體制，也誤導了真正代議士的功能？

或許有些朋友會認為這樣陳義過高，太過理想化！但就讓我們拿相對文明、先進的北歐四小國來看。早期參與英國等大國共同開發北海油田之前，丹麥是一個完全沒有自有能源的國家，百分之百依靠能源進口，也因此沒有課徵能源稅。但北海油田開始開採出產的同時，丹麥意識到世界能源危機，以及地球暖化的問題，因此，議會遂通過了一個法案：認為地球暖化、石油枯竭是全人類的問題，雖然他們自有能源不再匱乏，卻決定必須開始課徵能源稅，以節約能源。最後丹麥整體的能源消耗，在石油開採後的總用量，居然低於開採之前。這樣的國家、這樣的議會，讓我們見識到了做為世界公民的真正素養。

同樣屬於北歐四小國的挪威，開採到石油後，不主張把所有石油收入納進當年的預算，因為他們意識到這些收入終有一天會枯竭，而子孫如果慣於這樣輕易獲取的收入，終將無法延續未來的競爭力，於是將很大一部分收入預存為國家準備金。因此，當歐洲風暴、金融風暴產生時，挪威仍然擁有充沛存糧，不但幫助自己，也幫助了歐洲的金融市場。

回頭過來看我們台灣，例如，全民健保是台灣的驕傲，台灣人就醫的方便和高品質的醫療服務，超越許多歐美國家。但是，醫療資源被濫用正危害健保的財務健全，我們的年平均就診次數高達十五次（先進國家平均在五至七次）③，咳嗽、感冒等小型疾病的費用，占去了大部分的醫療資源，甚至醫院急診室人滿為患，就醫品質低落，原因之一竟是在保險業務激烈競爭下，許多看診者為了申請保費，硬要待滿六小時才願離開。如此濫用，終於逼使衛生福利部和金管會保險局使出殺手鐧，規定新售保單將不准再提供「急診保險金」的理賠。

公民素養方向一：清澄、冷靜判斷是非的能力

台灣人彷彿有兩種截然不同的面貌：一種是樂於助人、善良體貼、追求正義；另一種卻是濫用資源、是非不分，健忘而短視近利。

太多自由行的旅客體驗到台灣溫暖的人情味與從容的生活態度，留下美好的回憶。例如，知名大陸作家韓寒深深被台灣人感動了，素不相識的小眼鏡店老闆主動送上立可拋隱形鏡片替同行友人解圍、熱心的計程車司機幾小時內主動奉還他遺失的手機。韓寒筆下「太平洋的風」如此溫暖、和煦、細膩，盡訴台灣可親、美好的人情味。

一位在兩岸活躍的企業家朋友告訴我，二〇一三年八月，在台灣引起沸騰的洪仲丘事件，也在大陸企業家之間激起不少迴響。當十幾、二十萬台灣人民在酷熱的夏日夜晚，走上街頭，穿上白衣表達憤怒與追求真相未明的公義，情感雖然激昂，訴求雖然凝重，但過程卻如此平和，參與者如此莊重自持，看到台灣這樣高素質的公民運動，讓一些大陸企業家朋友好生羨慕，甚至在微博上說：「趕緊賺錢！將來移民台灣。」這場遊行的訴求也許不是每一個人都認同，但發起者、街頭參與者的初心與表現，無庸置疑讓大家感動了，驕傲了。

③ 資料來源：中央健康保險署民國一〇二年三月電子報。

然而，不能否認的是，台灣內部近年政治與經濟的內耗空轉，媒體繪聲繪影推波助瀾，民意代表的荒腔走板，讓國民的信心與憂慮指數節節高升。台灣社會正在失去互信，許多過去不敢相信會發生的事情一件件爆發，許多我們引以為傲的信念與價值，也一塊塊崩塌。台灣，愈來愈像是放在爐上的壓力鍋，內在沸騰翻滾，外在吱吱噪音不絕。

但外在噪音愈紛亂，就愈需要清明的思辨；當民粹式民意鋪天蓋地之時，更需要培養看出問題背後的能力，才不會被牽著鼻子走。這方面的判斷力很難由「生活與倫理」，或是「公民」課本學習而成。而得靠不斷的以切身的公眾議題，引導正反思辨，學習是非對錯的理性辯證。但我們的教育，最缺的就是獨立思考與反省能力的養成，換言之，公民素養的修練幾近空白。我們的中小學老師在原本培訓過程即缺乏相關訓練，考試與遴選機制更篩選不出來。當老師自身都無法確切掌握公民素養的價值觀與共識，如何要求他們轉化出教導學生的方法？我個人認為，公民素養絕對是攸關台灣能否走向永續的最重要課題，這一塊的公民教育一定要補足！

還記得菲律賓公務船射殺我漁民事件嗎？當時，國內各大眾媒體、社群媒體一片不理性的撻伐抵制之聲，政府也在強大民意壓力下派出軍艦護漁，祭出各項包括暫停引進菲勞等制裁行動。事件發生後不久，我到中部一個高中演講，談到菲漁事件。看著年輕稚嫩、眼神發亮的年輕一代，我問：「政府該不該派軍艦護漁？」「如果問題得不到解決，我們是不是不惜一戰？」同學們的反應幾乎一面倒贊成。我再問：「如果我們把對象轉換成大陸，我們會用同樣的方式嗎？」同學們卻陷入沉默與思考。於是我再追問：假設越界捕魚的是大陸漁民（其實這類事件經常發生），而在追緝中誤殺對方的是我們的海巡署，大陸網民群情憤慨，主張不惜一戰，甚至於與我們斷絕經濟往來，請問我們將用什麼態度面對這個問題？再從經濟層面來說，台灣自菲律賓每年進口約二十億元，卻出口八十億元之多[4]。停止一切貿易往來，我們打人一槍，自己卻要挨上四彈，到底是誰蒙受較大的損失呢？如果同樣的事件轉化為兩岸的關

④ 資料來源：台灣經濟部國際貿易局。

係，以目前台灣從產業到觀光等，都重度倚賴大陸讓利的現實下，這豈不是更不堪想像的議題？

再回頭來談自以為占上風的台菲關係，如果台灣不讓菲勞進來，在經濟逐漸好轉的開發中國家一一停止外勞輸出政策的當下，台灣何能用如此傲慢的態度對待完全無辜、為台灣人付出心力的菲勞？當然，政府表達嚴正的態度與立場是必要的，但於此同時，公民心中也必須要學習建立一個明確的標尺。我告訴年輕孩子，應該就事論事，而不是如此煽情化、煽動化。這樣一面倒的「同仇敵愾」，其實是告訴我們，台灣社會沒有判斷能力，公民素養不足。

如今，時間過去，熱潮消退，大眾媒體早把追逐焦點放在其他熱點，即使菲漁事件已在司法、外交、受害家屬接受理賠以及放下仇恨等各方面，得到堪稱圓滿的解決，但做為社會知識份子的老師及媒體，卻失去了給國民上一堂最好公民課的機會。如果每次遇到重大事件，張揚的民粹氛圍繼續主導，難保有一天會將台灣與大陸或國際的關係，帶向無法彌補的境地。

公民素養方向二：培養不被操縱的能力

台灣媒體一窩蜂煽動、炒作，讓台灣的重大公共議題走向「非黑即白」、「非藍即綠」的兩極對立，理性討論空間幾已喪失殆盡。然而，怪罪媒體永遠是最簡單的。我們自己呢？我們是否花了很多時間，坐在電視機前觀看電視評論性節目，跟著名嘴的表演而情緒忽高忽低、忽左忽右？我們願意花時間主動去研究思考，蒐集正反面資料，分析與驗證各類主流、非主流意見嗎？簡單地說，我們具備了獨立思考能力嗎？

近期重看殷海光老師近三十年前的大作《思想與方法》，感觸良多。他用辛辣之筆直言：「人，既然是一種會思想的動物，他就要抓一點東西在腦子裡，使他以為所做所為滿有道理的樣子。這樣，他才不感到空虛，才有個行為指針，甚至覺得『理真氣壯』。不過，可惜得很，在我們這個地球上，最大多數的人在他們較多數的時間內，他們的腦袋簡直是一座未設防的城市！人真是一種奇怪又有趣的動物。在城市裡，我們看，庭院深深深幾許，家家戶戶把門關。……可是，我們一般人對於自己的思想園地，卻是這樣漫不經心，全無一點管制設備。」

另一篇宏文是〈從有顏色的思想到無顏色的思想〉，他指出，「有顏色思想」是屬於「祖宗遺訓」「傳統」「宗教」「意識型態」之類的思想，從古至今往往侵犯知識的疆界，產生許多社會政治的問題。它的對立就是「沒有顏色的思想」，由知識構成的思想，「它沒有情緒、意慾、個人成分、地域特點攙雜其間。因此，它有普遍的效率。它是素淨的。」

旨哉斯言！殷老師那時當然不知道現在政黨的顏色。我認為，放在此刻台灣，「沒有顏色的思想」，或許也正可呼應，我們希望年輕人、知識份子，以及一般公民，應學習保持立場中立，暫時不要非藍即綠，以清澄、冷靜的思維，直視問題的核心、判斷是非。沒有任何一個政治人物能代表絕對的正義。只有當選民能夠監督好自己選出來的人，給與他們足夠的要求與壓力，才可能讓這個社會走向真實的正義。

因此，我常常在演講場合告訴讀者，事實上，選民中真正的藍綠黨員都屬少數，往往都是在比較中做出選擇，所以，我們不但要監督別人選出的民意代表，更要嚴格監督我們自己選出來的民意代表。當我們看到選出來的民代有任何脫序的表現或媚眾行為，只有我們最有權利把壓力加給他們，一封公開信、串連的不滿，都可以讓他們收斂。所以，我很高興看到台灣開始出現致力推動政治資訊透明化的數位公民團體。

要有堅持是非的勇氣

以下是一個實際的例子，就發生在我為一群高中生上公民課的體驗中。有同學發問：「宗教難道不是有色彩的思想嗎？」我的回答是：每個人都有宗教自由，但在信奉自己宗教的同時，不能帶著有色眼光看待別人的宗教。不能說我是佛教徒，就認為所有的回教徒都是危險份子、極端份子，當然也不能因為我是回教徒，就否定基督教、天主教的存在。每個人都可以有信仰自由，但是碰到判斷是與非的關鍵，就必須回到清澄無色的思想能力，要有能力看到別人的錯誤，更要有能力反省自己的缺點，宗教如此，政治當然更該如此！

《思想與方法》出版三十年來，台灣社會是進步，還是退步？我們擁有華人世界最值得驕傲的民主制度，卻快被民粹綁架了。家家戶戶愈來愈懂得保衛自家的安全門禁，但為什麼我們腦袋裡的東西、顏色卻愈來愈鮮明？愈來愈容易人云亦云，跟著社會氛圍起舞亂跑？即使如此，我仍然是樂觀的。我相信，眼前挑戰愈急切難解，我們愈應回到基本，去做對的事情。而教育，就是基本；公民素養，就是對的事情。

一個國家，如果不能透過教育的潛移默化，培養基本的公民素養，豈能奢求擁有高素質的選民？光有民主制度，卻沒有相對應的監督文化，思維中立的媒體文化，台灣的民主與自由，將是一場永無終點的馬拉松。

除了不被操縱的能力、不被收買的能力、冷靜判斷的能力，最後我想強調，公民素養的核心體現是「堅持是非」的勇氣。當支持的人犯錯時，不放過，以同樣的標準監督；當不認同的人做出對的事時，大聲支持，絕不以人廢言，以顏色論是非。而我們更要保持警覺，只要任何公眾平台形成一個夠大的力量後，自然就會有人企圖操縱，唯一能夠擺脫的關鍵，就是建立在每一個人共同的價值觀以及清澄的思辨力。

就讓我們一起活出不被操縱的人生！

延伸思考

民意代表們，歡迎加入正向的前進力量

我想對民意代表們呼籲，你想繼續做一個「昨日的民代」，還是勇敢擺脫心中的無奈，大步跨向明天，成為台灣需要的民主力量？這些年來，就我所接觸到的各級民意代表，不論是國會立法委員或是地方民代，無一例外，每個人都很痛苦。你們沒有時間可以陪伴家人和留給自己，難得能夠好好吃上一頓飯，因為週週南北奔波，搭高鐵通勤，經營選區，婚喪喜慶樣樣要到。但是，國民對民意代表已經有更大的期待了，期待你們花時間關心世界的發展與台灣的未來，將思考研究所得，呈現在立法的質與量。但，當你們連安靜下來思考的片刻都擠不出來，如何能代表選民把國家帶向更光明的遠方？

夜深人靜之時，如果你能回頭靜觀台灣幾十年來的民主之路，你會發現，曾在國會殿堂叱吒一時風雲的前輩們，經過多屆選舉，有人傾家蕩產，有人搞壞身體，有

人家庭關係疏離，一旦退下後，如今能被國人真正懷念、真正尊敬的又有幾人？你也想成為其中之一嗎？有多少次，為了搶占媒體版面，你必須荒腔走板地在議會演出全武行，即使連自己也不希望子女家人在電視上看見？然而，這一切的「演出」卻是台灣公民教育最實際的呈現了。我甚至懷疑，很多孩子的不禮貌，很多人無法掌握言行舉止的分寸拿捏，是受大眾媒體長期傳播民意代表的議會演出所影響。

但隨著台灣公民意識抬頭，民意對於政治透明度的渴求再也壓不住了，網路科技發展，加上志工的努力，只要一按鍵，立法院瞬間成為「影城」，立委的發言討論，是認真問政監督，或是替財團護航，一切無所遁形。「台灣零時政府」網站已跨出第一步，而從德國、希臘、芬蘭許多國家的發展來看，網路科技使得公民以群眾智慧參與政治的時代已經來臨。

該是擺脱昨日「表演型」、「經營型」思維，邁向專業代議士的時刻了。我相信，很多民代從政初衷懷抱理想，盼望投入己力，促進社會進步，無奈的是再努力研究法案、認真討論，許多心血卻在「政黨協商」中一下子化為烏有，自己也非常挫折。很多人也很想改變，而現在就是行動的契機。台灣的政治版圖，純藍或純綠的選民非常有限，我猜測，每一黨真正的黨員人數就像媒體發行量一樣，是最高機密。絕大部分的選民都是中間選民，只能在無奈中做出投票選擇。因此，隨著政治透明化時代的來臨，該是好好思考如何走出自己的風格，成為明天的民意代表，影響台灣正向前進的力量。

chapter 02

讓心自由，不被科技綑綁

二〇一三年底，新聞報導一位台灣年輕女性到墨爾本旅遊，一邊走路，一邊滑手機，結果掉進港灣裡載浮載沉二十分鐘，等待救援，當她被救起時，手裡還拿著手機。這宗意外除了引起澳洲媒體報導外，也透過ＢＢＣ傳播到全世界。由於使用隨身數位裝置而分心引起的意外，每一天、每一刻都在發生。如今，餐廳、教室、研討會場、機場候機室、捷運車廂、辦公室，只要人潮聚集處，就見眾人低頭齊滑。許多畫面，如發呆、聊天、做手工藝、看書、深度思考、專心聽講，快要變成上個世紀的美好「傳說」。

電子產品入侵生活

３Ｃ科技產品的普及，讓許多人手忙，「心」更忙，手中的「電子方寸」填滿、占據了我們所有的時間與空間，即使身在大自然的山巔水湄，一刻離開網路，就覺得心慌意亂；網路社群可能有幾百、幾千個朋友隨時、隨地聊天，卻不認識住在隔壁的鄰居，一個星期沒和「真」人說上一句話。

科技一直在改變世界。從中國人發明紙張、炸藥；羅馬人發明下水道、水泥，到十八世紀蒸氣機、十九世紀盤尼西林等等，新科技改變人類的生活型態，延長我們的壽命。然而，不論是盤尼西林，還是汽車，這些不同時代的創新，雖然使人類的「生活」更美好，卻從未進入我們的「心靈」。可以說，歷史上從未有任何新科技，如同網際網路以及隨身數位行動裝置（智慧手機、平板電腦，以及即將進入生活的穿戴式數位裝置）所發揮的影響力一般，攻占我們的時間，也進入我們的心靈，甚至形塑我們看世界的觀點，影響我們的自由意識與意志。

當網路對許多人的重要性如同空氣一樣，我們是否察覺到自己正被數位生活「綁架」？

我確實擔心，人之所以為人，最可貴的思想與行動自由，逐漸在數位時代被「綁架」和「駕馭」了。以前，年輕人在成長過程中，透過閱讀、上學、思考、討論、向典範學習，慢慢建立自己的價值體系，摸索中往往有信賴的老師、父母、同儕團體，在一旁協助討論。此外，對於台灣社會，過去數十年，許多正向的宗教大師也扮演了非常重要的心靈導師工作，他們教育大家做志工時，要以感恩的心，「歡喜做，甘願受」，並且提醒我們多數人都是「想要的太多，需要的卻不多」。宗教家更廣泛教育我們必須學習面對生命的無常，同時永遠要用愛包容周邊的人。但在數位新時代，隱藏在一個個代號下的網路朋友、文章、影片，正逐漸取代了父母、師長、同儕、宗教心靈導師的陪伴角色，許多人上Google搜尋、在網路上向陌生人問道、解惑，覺得比向真實世界的專業人士求助，更自在、更值得信賴。

當什麼都不相信，只相信網路

宗教領袖、學校老師、公共知識份子，曾經扮演冷靜、理性、維繫社會的力量。現在，大家可能不再相信宗教，不再相信專業，不再相信老師，相較之下，他們更相信與倚賴網路的偶像、社群網站朋友的意見。十年前的世界沒有臉書，如今臉書是世界上最大的「共和國」，在這個生活空間裡，人人忙於分享經驗，忙於找到一個你認同我、我支持你的社群。在其中，彼此互相強化理念、宣洩情緒，聲氣相通。網路的世界是長於相濡以沫，卻不適於忠言逆耳，而且「加溫」迅速，但「冷卻」緩慢。網路的世界幾乎如同沒有遊戲規則的無政府烏托邦，許多錯誤、扭曲，甚至病態的思維，透過匿名信，看似安全的連結，卻不斷極端、深化，並且迅速散播。結果使得社會的兩極化愈來愈明顯，面對公共議題，非黑即白的氛圍常常趕走了理性思辨的空間。

二〇一一年，一向平靜的島國挪威，發生了自二〇〇四年馬德里爆炸案和二〇〇五年倫敦爆炸案後，歐洲最嚴重的屠殺事件。兇手是一個年僅三十二歲的挪威青年布雷維克（Anders Breivik），他不僅策劃奧斯陸政府辦公大樓的爆炸案，兩小時後更裝扮成警察，在奧斯陸以西四十公里的烏托亞島，射殺了多數來參加挪威工黨「青年營」的年輕人，兩樁慘案造成七十七人死亡，傷者百名。

這樁屠殺和國際恐怖組織無關，是布雷維克一人所為，他是極右派極端份子，反對多元文化以及穆斯林移民進入歐洲。根據國際媒體報導，發動攻擊前，布雷維克曾先上傳數段影片，號召歐洲的基督教人士組成「現代十字軍東征」，將攻擊目標鎖定寬容伊斯蘭教的名人。行凶當天，他在YouTube網站上，上傳了十二分鐘的「聖殿騎士團二〇八三」（Knights Templar 2083），號召追隨者效法他殉道。攻擊前一天，布雷維克更在網路發表長達一千五百頁的歐洲獨立宣言，誓言發動歐洲內戰，以防止歐洲的伊斯蘭化。

不少類似仇視少數民族和穆斯林的極右派偏激思想，透過網路聊天室在歐洲散布流傳。然而，另一頭的極端，兩個信仰回教的美國年輕移民，同樣透過網路學會製作炸彈，找到認同的組織，策劃了波士頓馬拉松爆炸案。國外媒體報導，他們學習的對象正是基地組織支持出版的英文網路雜誌《*Inspire*》。二〇一〇年某一期的《*Inspire*》雜誌，刊登了一篇「如何在媽媽廚房裡製作炸彈」的文章，其中詳細介紹了「壓力鍋炸彈」的做法，並且提到運動比賽正是製造最多傷亡的最佳時機。

這些當然都是極端的例子。網際網路不是仇恨與偏激思想的源頭，但數位工具卻成為加溫與催化的溫床。不容否認，透過網路創新，許多過去不可能達成的人類理想正迅速落實。例如，數位科技正讓免費的高品質教育成為可能，彈指之間消弭了教育品質的貧富不均與地域不平等；許多數位獨立媒體比起主流媒體更創新、更不受政治力和商業力的操控。就像我們不可能回到沒有汽車和飛機的時代，也不可能回到沒有網際網路的二十世紀中期。此刻，如果做一次大規模的問卷調查，詢問受訪者要在汽車和網路之間做取捨，極可能獲勝的一方會是網路。

培養多元興趣，抵抗數位上癮

國際諾貝爾獎的創辦人是因為發明、運用炸藥而致富，藉著炸藥炸掉大山、大石為人類修建道路，帶來現代化生活，但也帶來了致命的傷害。無庸置疑，網路世界為人類帶來便捷、免費、浩瀚、寬廣的知識領域，大量加速了人類學習知識的效率。但若從負面的角度審視，也像是潘朵拉的盒子被打開了，原來生活上可以被控制的情、色、腥、羶、暴力，都呈現在人人唾手可得的網路世界裡。對於沒有把持能力的年輕人，輕者沉溺於電動玩具的誘惑之間，不可自拔，荒廢課業，失去正常真實世界的社交能力以及與人相處溝通的機會；重者則變得憤世嫉俗，甚至於走向犯罪。

如何讓數位生活增進人類幸福，而不是被用於黑暗的力量，是我們每一個享受數位生活便利的人，必須思考的挑戰。顯然，隨著科技產品的日新月異，人類文明社會的教育機制還沒有設計出一套新的紀律規則。因此，自我覺察、自我控制，以及對於年輕孩子的薰陶、提醒，是社會，也是父母和教育工作者責無旁貸的使命。

我自己使用智慧型手機，也使用平板電腦，對於像我這樣台東與台北兩地工作與生活的人，數位行動工具非常有幫助。公益平台的同仁們，組成不同的工作群組，隨時利用WhatsApp傳遞不同工作營與工作現場的照片與訊息給我，使我即使人不在當地，也彷彿身歷其境地參與，隨時可以交流意見。我相信，善用數位工具，絕對有助於各個專業領域的管理與進步。但我也曾嘗試去了解網路世界各種正面與負面的內容，我必須說，不管是電動遊戲、演講網站、表演節目、社群網站，甚至情色網站，都可以讓人陷溺其中，終日無法自拔。對成熟的大人尚且如此，何況是心理防衛機制可能不夠堅強的年輕人。

對於是否該在家中與學校讓幼兒與小學生使用數位工具，取代紙本教材、玩具，其實在教育界與科學界，有不同的看法。有人主張完全禁絕，因為孩子需要真正的眼、耳、鼻、舌、口，五官並行的運作、刺激，太早使用數位工具，反而妨礙他們創造力的啟發，以及與真實世界的互動。何況孩子的自律性不足，需要養成，一旦上癮，栽進網路世界，十分危險。我相信，父母和教育體系必須扮演傳遞正確價值的角色，教導孩子一方面善用新的資訊學習工具，另一方面抗拒網路世界的負面影響，同時也要引領孩子培養多方面興趣，例如，對大自然、美術、音樂、體育等活動的嗜好。一個養成多元興趣與有益嗜好的人，通常懂得投入生活，欣賞生命的美好，如此自然也會對「數位上癮」更有抵抗力。

真的需要二十四小時的數位生活嗎？

警戒心很重要，最近有一篇報導，談到在美國科技發明的重鎮矽谷，很多科技工作者，特別將小孩送至標榜不使用電腦、類似華德福系統的學校，讓孩子的成長過程「回到從前」，從事大量的體能活動、大量手做工藝課程。許多科技人當然知道資訊科技對人類進步的重要，卻也承認自己和科技的關係充滿矛盾。他們和我們一樣，既想要享受更多科技的便利，又想減少對科技產品的倚賴，於是不斷質疑與思考：「這些介入我們生活的科技產品到底是什麼？」

不管從哪個角度來看，矽谷人的生活都被科技新產品包圍，他們自己經營，或發明一個又一個受歡迎的科技網站，朋友圈也在創造各種最炫、最先進的產品。然而，對使用科技產品抱持戒心的矽谷人，並不是極少數的異類，有些人甚至下班後不使用智慧型手機，不讓小孩在成長過程中看電視。當其他人隨時隨地被手機震動聲制約時，這些人卻刻意拒絕日新月異的新產品誘惑，以免一不小心上癮，忘了自己原本的生活。如果這是一些科技人對自己所發明產品的自覺，我們一般使用者當然更應有所警覺。

我們也並不需要過二十四小時的數位生活，不是嗎？

第二部

認清現實，探照青年未來出路

年輕人有未來，台灣才有希望。年輕世代的質地、視野、企圖心和格局，形塑社會共同的未來。當大批大學畢業生到新加坡、澳洲從事基層工作；當他們熱情投入餐飲服務業以及非營利組織志工服務，這些年輕人的熱門選擇，可以抓出哪些脈絡？深化哪些價值？

在亞洲，甚至在世界產業趨勢中，要在數位經濟突圍而出，台灣仍然有哪些優勢，值得年輕人探究與追尋？答案是，只有創新、創意、創造溫度，做到機器人做不到的事。

真實的世界，競爭無處不在，競爭知識、競爭能力，更競爭吃苦耐勞的意志力。年輕的熱情固然可貴，唯有歷經時間和跌宕的考驗，不忘初心，才能長遠永續。

chapter 03

永遠不該放棄的一些堅持

不久前，我到新加坡演講，特別利用一個晚上到一間還不錯的餐廳吃飯。餐廳設計成開放式廚房，我特意選擇可以看到廚房運作的位置，以便觀察。我發現廚師們平均年紀相當輕，但動作的扎實度以及操作器具的純熟度，都非常專業。招呼我的服務領班讓我印象特別深刻，他是馬來西亞的華裔，幾年前到新加坡工作，服務態度親切有禮，對酒的知識非常豐富，更重要的是語言能力非常強，除了說了一口流利的英語、華語之外，還擅長馬來話和閩南語。

和他聊天時，我特別問他：「台灣現在好像也有很多年輕人過來工作？」他說：「對啊！台灣來了很多年輕人，很多人抱怨住的不好，但我們也住同樣的房間。」他說自己一路從低階服務員逐漸升到領班，此刻也有很多馬來年輕人到新加坡找發展。

近一、兩年，以服務業為主的新加坡企業，紛紛有系統地到台灣大量徵才，根據統計，二〇一三年就有超過四千名台灣年輕人赴新加坡工作①，大部分是二十到三十五歲的年輕人，特別是新加坡四、五星級以上的飯店餐飲業，為了因應中國大陸的遊客需求，特別喜歡徵選台籍服務生與櫃檯人員。

看著這位領班，我忍不住想，這就是我們台灣年輕人此刻要競爭的對象啊！如果我們的英語能力比不過人家，吃苦耐勞的能力比別人弱，但抱怨的能力卻比別人強，如何與對方競爭呢？

我很贊成台灣的年輕人出國磨練，我知道很多人都是大學或研究所畢業，到新加坡卻從事相當基層的工作，薪水也只折合台幣三至四萬元，在星國屬於基礎薪資，若以星國的高消費加上房租與基本開銷，可能與台灣的22K差不了多少。但成長於開放自由的環境、父母百般疼愛的下一代，有機會到異鄉歷練，甚至吃點苦頭並不是壞事。到新加坡能夠看到年紀差不多的其他國家年輕人，發現他們具備多種語言能力，既能吃苦，又有紀律，台灣年輕人就會馬上被逼著走出舒適區，面對全球化世界的競爭壓力。

① 資料來源：《天下雜誌》二〇一四年二月。

練習從底層往上看，往左右看

到了一切講究效率的新加坡，從事最基層的服務工作，如果你覺得無聊，沒有成就感，覺得離鄉背井，卻只能存下一點點錢；或是開始懷疑出國工作的價值……，我想告訴年輕朋友，這樣的「吃苦」是歷練的過程。你的眼睛不要只盯著手上的工作，應該去觀察新加坡的企業文化，了解不同背景年輕人的工作態度，甚至試著從旁觀者的角度去萃取他們的優點。也試著想像，自己除了服務華人顧客，能不能再進一步服務國際旅客，尤其新加坡吸納來自各國的商務旅客，遠比台灣多元而複雜，這正是開拓視野的最好機會。

你看到的新加坡，也許是一個只講績效，不講情面的環境。也許在工作上，你置身於底層職場，但千萬不要讓自己的視野只停留在最下面，要仰頭往上看，不僅從下往上觀察，還要朝左右看，這樣才看得到社會的結構，人與人相處的方法，政府政策的影響等等。你會看到它進步的、效率的和守法的一面，也會看到它現實、嚴酷的一面。當你重新回到台灣，也許會發現，台灣的經濟雖然沒有新加坡好，卻更有文化深度和厚度，你會因此更懂得珍惜台灣的美好。

換個角度來看，為什麼菲律賓很多年輕人，大學畢業後要離鄉背井出國去做辛苦的勞力工作，甚至遠赴中東，一去多年？只因他們沒有選擇，必須賺錢改變家庭的貧困與自己的將來。回過頭來想，數十年前的台灣不是也有許多國人遠赴國外跑船、飛到中東做工程，甚至到國外留學，抓時間到餐館洗碗打工，賺取生活費？只是隨著台灣經濟環境的改善，多數年輕的孩子都不記得台灣這段過去罷了（當然，那個時候，也沒有一大堆媒體讓你認為那是辛苦的、低廉的、不屑一顧的工作）。

現在台灣雖然有很多年輕人到澳洲打工度假，或是去新加坡、澳門從事基層服務業，但大多數人都是有選擇的，可以只出國工作一、兩年，儲蓄夠了，見識增長後就回家，畢竟需要年輕人出國賺錢養家的台灣家庭還是少數，我們的孩子永遠有一個退路在。

無奈的是，這個「退路」會永遠存在嗎？根據行政院主計處調查，二〇一四年一月全體失業率平均為四．〇二％，二十五歲到二十九歲失業率卻有六．八四％，二十歲到二十四歲這個年齡層，失業率更高達一三．一八％，是所有年齡層之冠②，這中間還不包括大批申請延畢或繼續修一些無效學歷、不願面對現實的在校生。顯然，很多台灣年輕人要面對的不只是低薪，而是更痛苦的失業問題。

不僅台灣，青年人失業是全球很多政府都必須處理的棘手難題，從美國、歐洲，一路來到亞洲的日本與中國，青年失業都被認為是最可能影響社會安定的未爆彈。二〇一三年，中國大陸的大學畢業生高達六百九十九萬③，被稱為「史上最難的就業季」，大陸教育部門傷透腦筋，除了要求和引導更多大學畢業生到基層就業、鼓勵創業之外，一些地方政府也積極推動海外就業，希望輸出護士、教師以及專業技術人員到新加坡、南韓以及日本等國。「必須和中國的年輕人競爭」不再是遙遠的想像，不再是師長們在課堂上的「恐嚇」，而是台灣年輕一代正在面對的事實。

政府當然不能輕忽「世代正義」，為年輕人創造未來是無從迴避的責任，更是檢驗藍綠政治人物是否具備遠見與良心的一把尺。然而，我更想對年輕朋友說：不管大環境再惡劣，一定要保持冷靜與清醒，除了憤怒之外，更應思考：自己還可以做什麼，強化自身的競爭力？是否已充分利用各種資源？是否有足夠的心理準備，在一個工作已無國界的環境下，面對愈來愈嚴酷的生存競爭？

勇敢面對真實的世界

最近遇到一個國外長大、就業的年輕人，在他念大學前常回台灣探親，父

② 資料來源：中華民國統計資訊網。
③ 資料來源：《遠見雜誌》二〇一三年七月號。

母也特別安排他中學時期回台灣當交換學生一年，學習中文。和他聊天，他告訴我，在高中以前和台灣的表兄弟姊妹相處時，總覺得他們的程度很好，自己的數學與理化成績遠遠比不上。但進入大學兩年後再回台灣，卻發現自己的程度不但已經追上，甚至超越了。原因在於，進入大學後，他的學校第一年課程結束時，幾乎平均每年刷掉二〇％的學生，跟不上的人只能轉系或重修。這樣的嚴格要求與淘汰制度，在歐美的名校行之有年，因為要保持高標準與專業競爭力。

歐美的大學在審核入學資格時相當多元，他們了解進來的學生來自不同環境，光靠高中成績與推薦，未必能真正反應學生的實力，只有進入大學後，面對面的學習，才能真正評量出學生的實力與志向。嚴格的淘汰制度才不至於浪費學校的教育資源，因為這也是學生的時間成本。

但在台灣呢？即使是必須通過推甄指考，層層關卡進入的國立大學熱門科系，能這樣嚴格要求學生嗎？「台灣的大學好像比較好念，大學生比較不那麼用功？」這是一位美國大學生的疑問。

台灣大學生的競爭力夠嗎？很多大學生，中學時期為了考上好的大學，拚命補習、拚命念書，很少投入社團活動，也很少享受年輕人應有的社交生活，一但進了大學，彷彿拿到一張代表自由的通行證，大一、大二拚命玩、拚命參加社團是普遍現象，如果加上打工，到底還剩下多少時間認真吸收知識呢？

這樣的節奏正好和歐美年輕人相反，更違背未來的主流教育。歐美年輕人在青春期盡情探索興趣，嘗試各種可能，積極探索自己的志向與潛能。而申請學校時，校方除了要看成績，更要看你是否有其他專長，是否有參與社會服務或社團活動。但進了大學就必須好好念書，因為學費太貴，很多人是拿父母一生的儲蓄念大學，或是要靠獎學金和打工補貼學費和生活費，每一個學分都不能浪費。

就我觀察，國際上優質的小學到高中教育，奠基於知識、品格的養成，而且，最重要的是協助孩子在成熟的過程中，探索自己的天賦，到了大學時才能全心地專注深耕勤學。而我們的年輕人，十八歲進入大學時，很多仍懵懵懂懂，不了解自己的天賦、興趣與能力，也不了解大學與科系，的確可能做錯選擇，念錯科系。但如果四年過去，大學畢業了，仍然一片茫然，不知道未來要做什麼、想做什麼，就是自己的責任了。因為大學是很好的環境，提供很多資源與機會，讓你摸索嘗試，你可以碰見各式各樣的老師，遇見不同背景的同學，修讀各領域的學門，是進入職場前「探索自己」與「創造自己」最寶貴的黃金時期！

安於現況，就會遠遠落後

我還認識一位晚輩，家裡環境不錯，出國念金融，非常用功考上了華爾街頂級金融集團的研究員，但每一天都要加班到十點多，因為老闆白天都在外面開會，傍晚五、六點才進辦公室分配今天的任務，等到晚上八點鐘，他們交出第一次分析草稿給老闆，得到認可後繼續努力，一路做到九點、十點。即使是週六，他也只敢睡晚一點，沒有同事膽敢不去辦公室加班。然而，有一天，他生病了，連請三天假，工作堆積下來，老闆竟告訴他：「You don't really have to work so hard, there are two hundreds people waiting to take your job.」（你可以不必工作得這麼辛苦，外面還有兩百個人等著要你這份工作！）

選擇回台灣找一份輕鬆一點的工作，還是繼續留在美國拚搏，趁年輕培養能力？他確實掙扎。

我非常鼓勵年輕人要心懷大一點，勇敢一點，吃苦一點。真實的世界，競爭無處不在，競爭知識、競爭能力，更競爭吃苦耐勞的意志力。

如果你還很年輕，卻滿足於擁有一份平穩、平淡的工作、不想承擔太多挑戰，不想學習新東西，你希望工作是工作，休閒是休閒，週末擁有充分的玩樂時間，卻不想學習新事物；你希望簡單的日子安穩過下去就好了，但當你選擇停在原處，其他人卻拚命向前，你的競爭力就相對下降了。也許不必十年，只要三、五年，你原先所滿足的平穩生活，很可能再也無法支撐，甚至可能消失。因為所有因素都是連動的，例如，你所置身的產業競爭力、個人專業技能的提升、新人才加入的質量等等，都可能牽動你往下墜落。即使你安於「平淡」與「平凡」，在變化如此迅速的時代，不奮力，將難以抵抗所有將你往下拉的力量。

這不是願不願意或有沒有企圖心的問題，而是，你得很努力、很有夢想，才可能在全球化競爭中，找到立足地，如果一開始就選擇平穩，選擇留在溫室，未來的選擇也許就不是你能選擇的了。

chapter 04

當人人都想成為吳寶春

傍晚五點，十七歲的大衛從實習汽車工廠下班，他十五歲進入技職學校，每週一半時間在工廠實習，可以領薪水。三年下來他存了一筆錢，計劃畢業後先到國外旅行，看看世界，至於是否念大學，他打算進入職場視需要再說。親友眼中，大衛優秀又聰明，很清楚自己的人生方向，跟念大學的姐姐相比，一點也不遜色。

一樣念技職學校，十七歲的大同卻很迷惘。他國中時成績不好，爸媽建議可以學習麵包師傅吳寶春，學會一技之長，所以考進高職念餐飲管理。但學校在東部，實習機會很少，畢業後要找到工作很困難。大同對自己不是很有信心，學校科目很多，但每一樣都好像只學到皮毛。大部分同學要參加升學考試，到西部念技術學院或大學，以他的家境要上大學很吃力，必須靠助學貸款和打工，想到這些，他實在很茫然。

大衛與大同最大的差異是，一個是瑞士年輕人，一個則是台灣偏鄉的孩子。瑞士，正是歐洲青年失業率最低、和德國一樣重視技職教育的國家。瑞士的各行各業都能看到年輕技職生的身影，三分之二的瑞士人，十五歲時選擇進入技職體系，從基礎技術一步步學習。十八歲畢業後已具備合格工作能力，進入職場的薪水不見得比大學畢業生差。

瑞士從中學一年級就由老師安排學生參觀不同行業，幫助他們深入了解各種職業。當學生不能確定性向，學校會安排諮詢專家協助。瑞士知道自己是小國，人才是國家最重要的資源，所以特別重視培養下一代的專業技能。

當餐飲成為熱門主流

反觀台灣，歷經教育改革、技術學院膨脹，目前的高工職校在課程安排上已接近綜合高中型態，間接造成技職學生大半選擇繼續升學。另一方面，台灣的國中、小學階段，對於性向與職業探索，始終輔導不足，很多進入技職體系的孩子，對自己的性向與能力非常模糊，不是按照成績分配，就是跟著主流思維，覺得哪一條路有前途，就選擇哪一條。

這幾年，我觀察到台灣技職教育的一種現象，那就是「餐飲服務」「觀光類別」已成為最夯的選項，而這股熱潮還在加溫當中。當普羅大眾都在「瘋美食」，介紹美食的電視節目和出版物一波波；當太多朋友不約而同告訴我，他們的小孩對烘焙很感興趣，想要放棄原來專業，改行學做蛋糕、甜點；當媒體不斷報導台灣的餐飲服務業已經取代科技業、製造業、金融業，成為年輕人最想進入的產業；當許多餐飲服務業西進大陸，然後回台掛牌上市的故事，被包裝為台灣產業的未來，也難怪，餐飲服務業會成為技職教育體系最熱門的選擇。台北的開平餐飲學校炙手可熱，許多高職為了增加招生率，紛紛撤掉招生困難的學科，增設「餐飲管理科」。國立高雄餐旅大學更成為許多年輕人升大學的第一志願，錄取分數不斷上升。

我想這種趨勢，或許可以稱為「人人都想成為吳寶春」。

這也讓我回想起若干年前，在《總裁獅子心》出版後，好多朋友告訴我，受到這本書的鼓舞，他們的孩子對觀光旅館業很感興趣，很想走入這一行。亞都飯店人事部也接到了許多履歷，不少年輕人熱情洋溢地寫著被《總裁獅子心》感動，想要從基層磨練做起。

感動和熱情能堅持多久？

坦白說，我最怕看到這種履歷了！「被感動而行動」是危險、也膚淺的決定，有許多光憑熱情進入飯店的年輕人，承受不了實際的工作壓力，很快就陣亡了。因為他們不了解自己的性格，並不知道飯店的基層工作是要一天扎扎實實站上八小時服務客人，而且不能不耐煩，要始終面露微笑、保持熱忱。他們不知道，進入法國餐廳學習，要學會菜單上每一道菜餚的故事，要下苦功學習餐酒的搭配，要真的對服務客人、對食物有熱情，而不是光笑容可掬，或是九十度彎腰鞠躬。他們沒想到，學習烘焙必須早上四點就要上班，準備麵糰，一天要烤上兩百個蛋糕，而學習法國料理，一天要刨的馬鈴薯，要切的洋蔥是幾百個做為單位……。

在偶像崇拜的心理下，所做的衝動決定，是撐不過這樣日復一日的辛苦操練，只有真正了解現實後的熱情，才看得見這些勞動背後的學習意義，才可能一天站上八小時，下班後還有能量研究明天要接待的客戶團體需要哪些更體貼的服務。

那段時期，我經常接到很多企業界友人的請託，因為他們的孩子想學餐飲管理或旅館管理，我通常都建議先讓他們利用暑假實地到亞都實習兩、三個月，那段期間我不會特別關照，只讓他們真實體驗職場的工作環境與壓力，通常不出多久，這些孩子大都知難而退，另外尋找自己的才華所在。

餐飲服務業成為很多年輕朋友的第一志願，當然不是一件負面的事，畢竟，追求吃得健康、精緻、美味，是一個社會更進步的指標，美食當然可以成為台灣獨特的生活氣味，而且愈來愈多有志的青年投入，對產業的活力與提升更是正數，因為台灣各行各業都需要有創新、深化能力的年輕人才。但我忍不住想要提醒，台灣的「美食文化」若要更上一層樓，需要更多願意扎實學習、放眼國際的有心人。

研發、深化才是本質

吳寶春師傅只有國中畢業，一路苦學掙扎向上，他虛心向日本老師學習歐式麵包的製作，兩次都因為巧妙地運用本土食材荔枝乾與桂圓乾而有令人驚艷的創新，在國際麵包比賽嶄露頭角，如今擁有自創麵包品牌，成為台灣歐式麵包的代表。許多年輕孩子看到寶春師傅的成功，興起「有為者亦若是」的雄心壯志，我可以理解。但這段時間觀察下來，我其實更關心的是：未來寶春師傅能否持續在麵包技藝上精進？能否持續創新，讓歐式麵包在台灣真正地扎根與發揚光大？

如果大家從更專業的角度去探索，就會發現當初吳寶春學習的日本師傅們，其實有許多人早在數十年前就到法國、德國、義大利等歐洲烘培業的發源地取經，有些人甚至放下在日本原有的資歷與成就，重新以學徒身分向歐洲當地的名廚學習。當然，比台灣相對更國際化的日本，本身也延聘了許多歐美的重要名廚，可見即使是飲食文化，也必須奠基在一個非常扎實的基礎上。

去年，我曾透過林正盛導演轉達我的關懷，坦率地表達觀點，認為現階段寶春師傅的當務之急，並不是去念台大或新加坡國立大學的EMBA，以充實經營管理知識。因為他的天賦與基礎在於做麵包，而不是當總經理或執行長。他真正需要的是，聘請一位深具管理經驗的營運長，替他負責會計、行銷、包裝設計等事務，他自己則應專心擔任研發長，將寶貴的金錢與時間，用於到日本、歐洲學習進修。他當初是在台灣向日本師傅學習歐式麵包，老師傅的手藝則是在日本學習的，未來寶春師傅若真想在歐式麵包領域成長為國際級大師，就有必要到歐洲各國認真學習，不斷深化與精進。如何在荔枝、龍眼以外，繼續不斷探索新食材、新技術，如此方能為台灣烘焙業找到真正在世界上可長可久的永續未來。

台灣擁有獨特的飲食文化資產

三十年前，台灣的中國菜曾有希望走上國際舞台，我和一群朋友也做了一些努力，然而，歲月一晃而過，台灣空有良好的飲食根基，卻始終進不了國際級飲食殿堂，因為我們始終以自己的口味判斷市場的需要，要走入國際需要更多國際化餐飲人才的培育。如今談到亞洲菜，日本菜被視為高端料理，連新加坡菜和泰國菜的國際知名度，也超越台灣。若以「後見之明」審視這段歷史，仍有值得反省、參考之處。

回顧一九七九年，我接下亞都麗緻飯店總裁職位，認真說起來，我當時是餐飲業的門外漢，但由於之前在美國運通工作，有許多國際交流的機會，在世界各國參與過不少重要會議與活動，視野一下子拉高了不少。因此，從市場定位的角度，我發現台灣擁有非常重要而獨特的飲食文化。

國民政府撤退遷台後，大江大海的各地廚師突然在這個島嶼聚集，一旦政治經濟情況安頓下來，吃得好一點就成為庶民的生活重心。太平盛世的日子過久了，飲食的豐富度跟著也百花齊放。例如，原本只會做四川菜的廚師，眼界開了，吸收湖南菜、廣東菜、江浙菜的技巧，勇於嘗試台灣本地食材，有想像力的廚師也開始研發各式新菜餚。獨特的歷史因緣，讓台灣的中國菜容納百川，薈萃精華，大有機會發光、發熱。

做為亞都總裁，雖然當時才三十出頭，我大膽思考，該如何利用觀光這個平台，拉高台灣最精采的特色，和世界發生連結？飲食，顯然是最好的觸媒。於是，隔年，也就是一九八〇年，我向政府建議，以世界級的廚藝比賽規格，舉辦中華美食大賽，邀請來自日本、香港和美國的中菜大廚，匯聚台北角逐金鑊獎。我以觀光協會國際金鑊獎執行長的身分，邀請了兩位國際級的美食評審，他們是分別來自洛杉磯《觀察報》和《基督教科學箴言報》（*The Christian*

Science Monitor）的美食版評論家。當時有人質疑：「這是中國菜的比賽，為什麼要請外國人來做評審？」我努力說服大家：「想要讓中國菜走出台灣，就要邀請外國評審，從國際化的專業眼光來提供意見。」

由於這兩位評審在美國餐飲評論界的分量，以及回國後對於台灣美食的報導，使得之後只要有美國媒體想來台採訪美食，幾乎都會透過他們找到我帶路或推薦，印象較深的是一位《紐約時報》（*The New York Times*）的美食版編輯，從國外來台前，就請我開一份餐廳名單，當時我開的名單中就包括了鼎泰豐及彭園等餐廳。

當他來台灣時，我也特別推薦他品嚐鼎泰豐的小籠包和雞湯，他回去後就在《紐約時報》以四分之一的版面發表一篇「全球十大不能錯過的餐廳」，將鼎泰豐列名其中，或許這是鼎泰豐有了國際知名度的開始。

不能只靠夜市和小籠包

包含我個人在內，即使有許多朋友曾努力創造各種國際交流經驗，但這些努力卻屬涓滴細流，無法全面建立台灣美食的國際地位。差堪告慰的是，第一屆金鑊獎最後選出十位傑出大廚（海外三位、台灣七位），發掘出不少今日的明星級大廚，如阿基師（鄭衍基）和羅孝義，都是從當時的比賽脫穎而出。

如今，國際上說到台灣美食，不是夜市小吃，就是鼎泰豐小籠包，無法像東京、香港以及新加坡，建立亞洲美食之都的地位。其間固然有大環境的因素，但一般餐飲工作者缺乏將專業品質、精緻度提升至國際水平的企圖心，也是原因之一。在這方面，日本人下苦功成為職人的精神，我們仍遠遠不足。

不論是技職體系一窩蜂增設餐飲觀光科系，或是年輕朋友一窩蜂做出生涯選擇，我想強調的是，熱門冷門只是一時，冷門之中不乏有走出康莊大道者；熱門行業競爭者眾，學習資源也可能受到擠壓。雖然我可能杞人憂天，擔心此刻的一窩蜂流於偶像崇拜與膚淺追求，但從樂觀角度來看，年輕人的活力和想像力，只要走對方向，用心耕耘，未來極可能注入創新的活水，為台灣餐飲業走出一條有國際競爭力的創新之道。衷心期待有心進入餐飲服務業的朋友們，擁有修練為「國際級職人」的真誠視野。

chapter 05

無價的初心比熱情更寶貴

曾經，我認為年輕人的熱情是最寶貴、最可愛的特質，但經過一些歲月，看過一些人生，雖然我依舊珍惜，並鼓勵年輕朋友懷抱熱情與理念，但不論看事情與看人，已多出一些冷靜與保留。如今最看重的，是一個人能否在各種跌宕考驗中，不忘初心。

過盡千帆，才能看見真正的自己

七〇年代，我還在美國運通當副理的時候，那時的外籍總經理有一個好朋友叫 Tony，他是個非常瀟灑的美國人，娶了一位台灣太太。他們在淡水租了個舊房子，在院子挖了一個沙坑，並用塑膠布鋪在坑上，灌水進去後就變成游泳池。他家院子很大，可以打排球，台北一些外商銀行、貿易公司經理，週末最喜歡找他玩。大家各自帶點吃的東西，聊天分享，每個人都玩得很盡興，我偶爾也會應邀參加。過了一段時間，Tony夫婦又搬到更遠的三芝，因為那裡房價更便宜、空間更大。即使如此，每到週末，Tony家仍是國際友人聚會的好去處，因為我們都很欣賞Tony這種樂天、隨遇而安的名士作風，總能瀟灑自在地過生活。

他的兩部車都是老車，有一部甚至一度不能倒車，只能往前開，他笑說，這就像他的人生觀，只能向前。車子髒兮兮、亂七八糟，什麼東西都隨便放，醬油滴得一塌糊塗，他也不去洗車。三芝因為房租便宜，屋子很簡陋，有一個房間他甚至用線一拉，就變成衣帽間。

Tony的家永遠是那麼隨性而熱鬧，他代表一種大家嚮往、不被物慾綑綁的人生價值。十多年後我在亞都當總裁，多年不見的Tony突然成為亞都的客人，入住亞都時指名找我。那時他身穿筆挺西裝，一副典型成功商人的模樣。我問候他：「Tony，我好懷念當時我們到你家……，」結果他卻說：「我後來做貿易很賺錢、很成功，在夏威夷定居，現在再也不搞那些玩意兒了！」突然間我有一種莫名的失落，原來他那種瀟灑和我們羨慕的生活態度，只是因為當時沒有錢而展現出來的幻影。看到眼前帶著金錶、鑽戒，穿著絲質襯衫的Tony，享受五星飯店、美食，在我眼前已經是個物質至上的人。

他讓我察覺，人在某種情況下，必須過盡千帆，才能找到自己的初心，才真正知道自己是怎樣的人。在沒有能力時，小確幸的生活方式算是一種選擇，然而，如果能夠在經歷過激烈的競爭環境、挫敗與挑戰，甚至於享盡了榮華富貴以後，仍然選擇回歸平淡，過更真實且有意義的人生，那時的你才算是找到了生命的真義。

時間是最忠實的老師，公平考驗著我們每一個人，考驗我們的熱情，考驗我們莫忘初心的堅持。我仍然懷念那個依自己價值而活、自在做自己的Tony。

不以功利心態做公益，收穫會更大

現在有很多年輕朋友，對做公益志工充滿熱忱，當然這是好事，成長於父母愛護、溫暖、富裕家庭的孩子，願意付出，體驗不一樣的生活，絕對應該鼓勵，但我也必須提醒，公益從來就不是速食店，做公益也不應該有速食心態。「我來做三個月的公益志工，升學甄試的成績可以加分」，這樣的動機是非常膚淺、功利，甚至某種程度上，會成為人家的負擔。

所以我常問年輕人：「你去緬甸、柬埔寨、非洲當志工多久呢？一個月？三個月？」我認為這個比較像是觀光志工，因為通常到落後地區，第一、兩個月往往還在生活調適期，多半時間都還是別人的負擔，一定要類似國際和平工作團，以最少一年的服務時間，才會是比較完整的經驗。但是，我並不否定短期志工的價值，因為年輕人關心世界弱勢、了解自己、認識朋友、擴大視野，都是正向的嘗試。但我想強調的是，做志工時，心懷謙虛與學習，盡量減少對方的負擔，並且捨棄功利心態，因為唯有當不領薪水的你，對待公益工作能像正職員工一樣的付出熱忱與關懷，接受挑戰與挫折，最終受惠最多的一定是你自己。在公益平台的志工群中，我就親眼目睹一個個蛻變成長的例子。

我也曾認識一位年輕人以公益經驗做為他個人發展的墊腳石，不免感慨，想提出來與大家共同反省。那時，一群文化界、企業界的友人，包括我在內，站出來推動保護環境的運動，一位二十出頭的知名大學的男同學，非常熱情地希望要加入義工行列，後來，我們慢慢發現，他雖然有一些實際的參與，也接受了我們的補助，但成效有限。事後我在不經意的情況下，看到了他申請國外大學專案獎學金的報告，他在報告過程中完全凸顯自己的角色，好像其他人都消失了，活動完全是他獨力完成的。之後，他也利用這些公益經驗，「充實」自己的履歷表，順利拿到美國長春藤大學的入學許可，出國念書。憑著這份報告，他回台後也找到不錯的工作，然而，從此再也沒有聽到他關懷社會議題的消息。這位年輕人一步一步，以豐富的包裝讓外面的人看見他洋洋灑灑的履歷，但曾與他共事過的我們，卻深知其間的浮華不實。這樣的人，我們是無法依賴他把台灣帶向未來。

年輕人做公益志工非常值得鼓勵，但請永遠要隨時檢視自己的初心。年輕朋友若要決定以公益為志業，甚至成為職業，我希望不要抱著一時的熱情與想像，多累積些社會歷練，甚至多吃一點苦，真正知道自己想要什麼，再選擇投入。因為，做公益需要很多細膩的專業與學習，真實世界的運作規則不會因為做公益而改變，固然會有成就感與滿足感，但也絕對少不了挫折感。

在自己的專長中找到奉獻的力量

因此，我鼓勵大家在專業之餘，跳出來參與公益活動，因為每個領域都需要不一樣的創新。而每一個人都可以發揮自己的專長，對社會產生影響。出生於台灣、從小就出國的國際級音樂家胡乃元，一直在尋找如何為家鄉做些事情的可能，於是在我的鼓勵下，我們共同成立了Taiwan connection，轉眼已經進入第十年，雖然他們推舉我當發起人，其實我幾乎完全沒有參與專業領域，充其量只是個啦啦隊隊長。

胡乃元及一群音樂人那種願意與社會分享對音樂的執著與熱情，讓我深受感動，於是決定協助他們打造一個推廣平台，而這當中依靠的還是人。胡乃元他以自己的影響力與人脈，結合世界一流的年輕室內樂手，回到台灣做公益演出。我們每一年，都認為是最後一年，因為根本不知錢在哪裡，但是我們卻堅持走了十年。

在這十年當中，剛開始以國際返鄉的音樂家為主力，搭配幾位台灣本地的音樂家，以室內樂的方式全國巡迴演出，從都市到鄉間，從音樂廳到校園。他特別選擇沒有指揮的室內樂，希望音樂家能夠化被動為主動，共同詮釋音樂。另一方面他也以不同的曲目，循序漸進讓音樂家產生默契。他更同時帶動著觀眾由淺而深地找到對音樂的共鳴。更讓我佩服的是，他不譁眾取寵，堅持選擇原不被看好、屬於小眾市場的室內樂。

尤其到了偏鄉與學校，胡乃元會拿起麥克風，親自導聆。他甚至也讓其他音樂家分享他們對不同音樂的感想。他堅持走這條人跡罕至的道路，並且一步步開始增加台灣音樂家的比率，除了分布在台灣各交響樂團的好手，還刻意大膽挑選有天賦、尚名不見經傳的年輕樂者一同參與演奏。隨著默契的養成，樂團逐年擴大，近幾年，他更勇敢的將無人指揮的樂團擴大到近五十人的規模，曲目也從過去的室內樂，進一步到貝多芬的第三、第五、第七號交響曲。這種即使職業樂團都不敢嘗試的無指揮演奏，令觀眾看到每一個音樂家全心投入共同創造的音樂效果，所有人無不為之動容。著名指揮呂紹嘉看過表演後，也不禁讚嘆，胡乃元如何能夠在每一次回台短短不到一個月的時間，重新召喚起音樂家的熱情，做出他認為只有像柏林愛樂這類樂團才做得到的、全心投入的演奏與效果。

Taiwan connection已成為台灣每年一度的盛事、愛樂者期待的焦點。但是，它不是短暫的努力所成就的，而是十年堅持、十年忍受寂寞的投入，最後綻放的花朵。它的成就不是個人的結果，是藝術家從事這份工作的初心。胡乃元做到了，那麼台灣享有更多公家資源的樂團、音樂家，當然也可以做得到。

古典芭蕾舞蹈家余能盛，是另一個不改初衷的例子。他早期出國，在奧地利格拉茲歌劇院（Graz Operhaus）芭蕾舞團做到副藝術總監。八年前，懷抱著對故鄉的熱情，他利用自己在國際舞壇的人脈，帶著世界優秀的舞者回台灣教學。老實說，古典芭蕾舞在台灣已經沒落了，但他覺得這是基礎，他想要讓台灣有志學習舞蹈的年輕人接觸到一流的老師。

當時他跟我說他準備邀請五、六位國際級舞者在亞都住六個星期。這種「冷門」的活動，如果是其他飯店的主事者，聽到這麼長期的暫住，很可能一口就回絕了，但我卻有不同的想法。在開始幾年，亞都幾乎全額贊助住宿，後來幾年票房漸漸穩定，才改為半價優惠。坦白說，如果余能盛只是帶舞者回來三、五天，我可能婉拒，但因為他停留六個星期，我反而答應。因為能夠邀請國際級舞者，利用暑假六個星期與台灣舞者研習排練，深耕台灣文化，我覺得這太有意義了，這對台灣的舞蹈基層就有扎根的影響力啊！

年輕朋友們，不管做什麼，選擇怎樣的職業生涯，我們這一輩都要給予鼓勵，但你自己也要先想定：這是不是你真正想要的人生？就像你想當音樂家、老師、公務人員，要先問自己的初心：「我真心想要改變社會嗎？能不能得到成就感？」這些是最重要的關鍵。不要等到做了二十幾年，才發現一生走錯行了！你必須同時了解，當老師必須面臨望子成龍的「直升機型家長」和考試制度的嚴酷考驗；公務人員可能必須被政治影響、對政黨妥協，以及面對議會無理的要求。即使知道會面臨這些情況，你仍然深具信心，相信自己能做出有成就感的事，你就是找對工作了。

所以我喜歡說，路走長了，自然會找到初心。只是，一旦你發現，原先所選擇的路，不是自己真正想要的，而是為了實際考量，抱著試試看的心態，這時，你是否有勇氣喊停，甚至轉一個大彎？

投入，就能擁有一片風景

我在陳文茜的書中看到一個年輕人的故事，他的反省能力和勇氣讓人佩服。二〇〇九年，金融危機爆發後，絕望的美國青年發現他們的未來，成為華爾街貪婪者的犧牲品，發起占領華爾街運動。書中的那個男孩，從小功課優異，家庭背景也很好，畢業於史丹佛大學，並取得長春藤大學的ＭＢＡ。聰明的他，找到華爾街最富盛名的投資銀行工作，卻赫然發現投資銀行不但不知反省過去闖下的禍，甚至利用美國政府用來紓困的錢，以取得更多人力，他因此憤而辭職，決定離開金融業，重新申請進入醫學院就讀。由於比任何人更厭惡華爾街，只要有時間，他就會去帳篷裡和占領華爾街的其他年輕人聊天，占領華爾街的那天，他更是站在第一線抗爭，最後甚至被逮捕。

這個年輕人擁有極其可貴的反省力和行動力。他進入華爾街，發現理想幻滅，就毅然決定重讀醫學院，因為他的教育成長歷程，讓他清楚知道自己要做個對人類與社會有貢獻的人，於是決定重新探索自己的生命價值。他的故事讓我想到《看見台灣》的齊柏林導演，即使再過三年就可以領取公務員退休的終身俸，他仍義無反顧的放棄，跟隨自己內心的渴求，我衷心佩服。如果你販賣自己幾十年的職場青春，在一個沒有理想、無法發揮、找到自己人生定位的角色，是否白過了一生？台灣需要更多年輕的齊柏林。

讓我再引用狄更斯的話：「這是最好，也是最壞的年代」。一九七一年台灣退出聯合國，我在那一年退伍，投入職場。一九七九年，我從美國運通轉到亞都時，中美斷交。二〇〇九年，當我決定離開亞都飯店，全心投入做公益基金會時，正是莫拉克風災肆虐的一年。我走過的路，說明了時機的選擇，其實沒有對跟不對，只要全心投入其中，就能找到一個舞台和一片風景。衷心希望年輕人，莫忘初心！

延伸思考

讓不同角色的我們，重新檢驗初心

找回初心，並不容易，因為現實環境的綑綁與束縛，太難掙脱。但是，人生最有趣的地方往往在此，勇敢卸下包袱，腳步也許更輕盈。

例如，如果你是面對一改再改的教育變革，面對「無理難搞」的家長，常常覺得疲倦又灰心的老師們，何妨重新檢視成為老師的初心？若不是對於傳道、授業有熱情，若非真正喜歡和孩子一起成長，老師的角色真是令人難以承受的重擔！要塑造下一代的品格，為台灣社會培養未來人才，老師的角色僅次於家長，甚至比家長更重要。

曾經，老師在社會得到很大的尊敬，為什麼這份尊敬如今幾乎蕩然無存？某種程度，老師自己是否也放棄了追求尊嚴與尊敬？我最近幾年的觀察，發現一位老師代表的不是他個人，而是一個班級，甚至背後一個個家庭。老師的一言一行、一舉一動，影響了全班孩子的價值觀。我想告訴老師們，請重新找回專業角色的尊嚴吧！

在芬蘭，老師不是待遇最高的職業，卻是許多年輕人心嚮往之的生涯選擇，他們不是為了穩定的收入與保障而當老師，而是嚮往產生影響力和受人尊敬！

我也很想對基層公務員說，真的辛苦了，公務員一方面是眾人追求爭取的鐵飯碗，但另一方面，社會形象與職業尊嚴也節節滑落。隨著政黨輪替，我知道很多公務員執行業務也「被迫」跟著左右搖擺，進退失據。但是，不論上面的顏色怎麼變，做為終身職的國家公務員，做為國家重要資源的分配者、把關者，以及政策的執行者和延續的力量，你們有很多可以發揮的地方，而最重要的第一個守則，就是不受政黨影響，謹守專業倫理。

政黨輪替是必然的，最嫻熟業務、了解法律的公務人員，千萬不要小看自己的重要性，不要被權力誘惑，成為藍綠的打手或選舉的工具，因而犧牲公家的利益與資源，成為政黨利益的籌碼。公務人員要以專業管理的角色自我期許，自我要求。不要忘記公務員角色的初衷，不讓自己被誘惑、被左右，當愈來愈多的公務員有自覺意識，團結起來捍衛專業分際，就能成為改變台灣社會的力量。

chapter 06

要做就做機器人做不到的事

有些趨勢的改變方向很大，卻像溫水煮青蛙一樣，讓我們失去警覺，也失去提早因應的思考。例如，連鎖便利商店取代街頭巷尾的雜貨店、早餐店；鉛字印刷成為懷舊的傳說；傳統紙媒的印量和廣告量節節衰退；大賣場人流減少，網購電子商城卻熱鬧滾滾等等。而此刻，精密機器人的發展、3D列印應用的普及將一路往前跑，如果許多觀察家的看法沒錯，二十年後，將有六〇%以上的職業可能消失，每一個產業都將面臨人力精簡、職缺消失。

台灣卡在產業轉型轉不過的難關好久了，當硬體優勢不再，軟體和設計創新又還沒到位，我們未來該怎麼走？年輕一代的就業優勢在哪裡？我認為，「要做機器人做不到的事」是可能的答案之一。機器人不會罷工、不怕危險、成本固定，現在很多高難度的精密工作都由機器人操作，但機器人做不到的是什麼？永遠不怕被機器人取代的工作有哪些？

我想可以分成兩大類，一個是讓台灣成為科技發明的源頭，從過去的代工走向原創，擺脫過去依賴外國設計或發明，台灣負責製作生產的宿命。但是，這個議題說得容易，做起來必須經過長年的人才培育、教育模式的完全變革，才有可能達成。而這其中最現實的一點，就是必須把台灣放在與全世界同一個起跑點上，跟國際間最頂尖的佼佼者一起競爭，其間優勝劣敗沒有任何妥協，當然也沒有任何「讓利」與同情的空間。然而，只要看看台灣整體環境的國際化腳步，加上教育品質的門檻，就知道一切距離理想還有很大一段距離。

另一類就是尋找自己原有的優勢，加以深化、創新。如之前提到的，探索人類不是五年、十年，而是百年、千年所要面臨的未來，不論科技如何進步，人類必將面臨地球暖化、廢氣汙染以及兩極氣候問題。當然也包括能源、物資耗盡的問題。因此，也必然要在「被迫的」放棄耗能生活與「自願的」簡化人生中做出選擇。

那麼，什麼會是機器人做不到的事？我認為除了創意、發明，就是為人服務的行業、需要跟人深度對話溝通的行業、心靈成長壓力紓解相關的行業，以及藝術文化產業，而這些又正好是台灣的強項，最起碼是華人社會的佼佼者，我就用以下的心靈對話舉例說明。

發揮台灣宗教文化的優勢

二〇一二年，應星雲大師之邀，我特地到大陸的揚州講堂舉行一場演講，這趟中國行讓我特別有感觸。

那一天的演講冠蓋雲集，除了揚州本地的重要企業家和官方書記等，也包括來自蘇州、上海和南京等周圍城市的重要人士，讓我充分感受到台灣宗教家在大陸的影響力。演講結束後，大師當年在宜興剃度的大覺寺住持，邀請我就近參訪大覺寺，並住宿一夜，順道為他們的僧眾進行內部分享。我對大陸本身的宗教發展很感興趣，於是改變了原定行程，前往參訪。

傍晚前抵達了當地，在住持的陪同下，我參觀了大覺寺宏偉的建築，也看了正在大興土木的第三期工程。參觀過程中，住持感嘆大陸現在所有的寺廟都開始收門票，即使是千年古剎亦然，大覺寺已成唯一沒收門票、讓信眾自由參拜的寺廟。我可以聽得出來，他對於原本出家人修行的寺廟，成為商業化的觀光景點，有些無奈與無力。於是，當晚用餐後的演講分享，我便向他們強調，當大陸寺廟一面倒地走向觀光化之時，大覺寺不收門票的「差異化」做法，反而是我認為可以開創的另一片契機，因為「免費」參拜，寺方反而有立場要求信眾，提升參訪品質，藉此傳遞出正向的宗教文化訊息。

讓寺廟之旅不只是旅行

我發現，台灣的宗教文化在過去數十年已經走出新方向，但許多在台灣視為理所當然的規範守則，在大陸卻是絕無僅有，因此，我特別將理想中的宗教之旅在演講中以模仿比喻的方式，做了詳細的敘述。首先，我建議寺方應該公開傳達寺廟是修行之處，而非觀光場所，為了方便寺方人力上做必要的準備工作，除了本身已是該寺的信眾，不論是個別或團體參訪者，皆必須以預約的形式，事先約好特定時間，寺方則會安排接待的法師，迎接所有的參訪貴賓到知客室。

負責接待的法師可以在大家坐定後，柔和地說明：

「歡迎各位菩薩大駕蒞臨大覺寺，寺廟是修行的地方，為了讓大家更了解出家人的作息、寺廟的生活禮儀，我想先向各位說明，我們希望每一位貴賓來到此地，能夠體會把心守住的修行精神，因此，環境必須保持安靜、莊嚴，所以我們請求大家在出了這道門後，能保持禁語。因為多數人往往因為不斷地講話，失去了打開其他感官的能力，今天我希望能以接下來的數小時，帶領大家嘗試用不同的方式，重新觀察自己與周圍的關係，這其實無關宗教，而是一種修心的方法。只有停止說話，才能傾聽，才會產生智慧，這是今天我們要送給各位的第一個禮物。

接下來，我將利用十五分鐘的時間，教導各位打坐。打坐是宗教的基本入門，也是每一個人學習安定心靈的工具，特別是對於平常生活忙碌緊張的人，這是守住心靈、情緒非常重要的方法，面對壓力與煩惱時，才可以讓自己免於慌亂，定於一心。而這是我們希望送給各位的第二個禮物。

現在我將教大家用數息、內觀等方法體驗內心的平靜，請每位設想自己的心像一潭澄澈湖水，你無法阻擋周圍任何可能發生的自然和非自然的噪音，以及風吹草動或者意念的產生，你也不必去阻擋，就讓它自然的進入，自然的離去，在意念上不讓心湖激起波瀾。心不起波瀾，情緒就會安定，情緒穩定，思考才會冷靜，而冷靜才會在決策過程產生智慧。

最後，我要與各位分享的是，在我們的修行過程中沒有差別心，沒有好惡心，我們講究眾生平等，所以我們在下面幾小時的與人接觸中，要能夠做到『視而不見』，不因他人外觀的美醜讓心波動。要做到『聽而不聞』，不被任何聲音、噪音影響情緒。『食而無味』則是另一種心境的修練，不因東西的好吃、不好吃而有差別心。最後，我要教大家如何禮佛。信佛的人可以參拜，不信的人也可以自在，只要以您的方式莊嚴肅穆頂禮即可。」

這是我當晚特意細細描述的一趟理想中的寺廟學習之旅。來往人群雖然眾多、卻一片安然，用餐時的過堂儀式，上千人同聚一堂，卻鴉雀無聲，這必然是令人感動的場景。結束後，接待師父再帶大家回知客室，此時再開放大家分享此次旅程的心得和提問。我相信這樣走一趟，對任何造訪的客人，都將帶回非常豐富的心靈體驗，甚至當我們遭遇挫折與煩亂時，自然會一而再、再而三地回到這個安心的地方。

走向觀照身心靈的深度服務

以上是我對大覺寺僧眾的分享，雖然極粗淺，僅是我個人在台灣多年的觀察所得，但我相信台灣每一個宗教，甚至養身、修心的民間團體，都可以安排出這樣具備文化素養的深度心靈之旅。何況許多文化人、藝術家早就把宗教的禪修變成重要的台灣文化元素，雲門的表演如此，優人神鼓的表演如此，眾多的茶文化也是如此。

然而，我當天的分享卻引起意料之外的共鳴，因為大陸方興未艾的觀光業，以及寺廟參拜的熱潮，坦白說大都停留在「觀光獵奇、到此一遊」的追逐新鮮感階段，但他們遲早會走過看熱鬧的階段，欣賞深度與靜心之旅的美好，而這些都是這些年來，宗教大師在台灣積累出來的新內容。

這趟旅行歸來後，我更確信，台灣各種宗教和諧共存，互相尊重的文化，是我們極其獨特的精神資產。每次看到世界各地因為宗教發生嚴重的殺戮，甚至戰爭，即使同一宗教也有因教派不同而水火不容，更讓我深深感覺到台灣這種與文明和諧共處的珍貴性和重要性。猶記法鼓山聖嚴法師依然在世時，我曾經送他一本以天主教修道院修士為主角的管理書——《僕人》，聖嚴法師不但欣然接受，而且看過以後，還買了兩百本分送給他的弟子，台灣宗教大師能夠在面對人類各種多元文化共處的複雜社會，以大智慧包容一切，坦白說，這是我走過許多地方，在台灣才看到的文化包容。

我相信，不管我們是不是擁有特定的宗教信仰，都是在質樸、包容、寬厚和愛心奉獻的台灣土地成長，深受其宗教文化的涵養。這也讓我思考，台灣在產業競爭力上，不論就人力品質，還是自然豐富的地理環境來看，未來與「提升身心靈品質」相關的服務業都相當大有可為，可以是走紓壓、自然環保路線的 retreat 或 resort，也可以是結合心靈養生需求的美食、藝術與文化活動。

簡單地說，就是為「人」提供面對面、身心需要的服務，而這些服務不能只停留於膚淺的感官滿足，更要加入心靈感動的文化層次。特別是在數位經濟時代，人與人之間的實際接觸與往來，一天天被３Ｃ產品所取代，但人始終是人，需要溫度與溫暖的滋潤，因此，可提升「身心靈品質」的文化服務業可說是大有可為。放眼亞洲其他國家，不論與中國大陸、韓國、新加坡，甚至日本相較，台灣都有機會在具備文化素養的服務業上找到一線生機。不僅是華人，許多看準中國大陸和新興市場潛力蜂擁而來的西方企業人士，當印尼、泰國和菲律賓一些知名觀光島嶼，紛紛被走馬看花的急行旅客「攻占」「淪陷」時，台灣絕對有機會吸引高端的企業人士，進行一趟體驗文化之旅。

我深深期待，有創意的年輕一代，有文化視野的企業家，有洞見的資源掌握者，能一起在這條路上深耕、前進。

chapter 07

分散市場是永續經營的不二法門

二〇一三年，我接待了一群應觀光局之邀的外國朋友，到台東體驗深度旅行。他們是外商企業派駐大陸的高階主管，除了法國、德國在上海的商會總幹事，也包括幾家IT外商龍頭的中國CEO。毫不意外，他們立刻愛上台東的獨特民宿、自然人文風景、怡人氣候。有人甚至告訴我：「愛死台灣了，原來從大陸到台灣這麼方便！冬天大陸這麼冷，日本、韓國也氣候不好，價錢又貴，來台灣度假真的太值得了！」

隨著時間的挪移，台灣的特色也在改變，我們不能再重複販售過去的產品，而希望達到永續經營的成果，這也正是觀光局該努力的方向。舉例來說，台灣若想要吸引英國觀光客，與其花一堆預算到倫敦做宣傳，不如主動接觸已經被派駐到亞洲各城市的英國人，從英僑商會入手。只要他們來過、真心喜歡，回去後，一定會在自己的企業以及社交圈宣傳台灣，他們的推薦將是更有效、預算更少的行銷台灣方式。以我所知，渣打銀行、IBM和微軟的大陸高階主管，來訪台東一次後，紛紛主動再帶家人回來悠閒度假。他們住的多半是民宿，因為五星級飯店對於他們不再有吸引力，反而是民宿主人深具巧思的生活藝術，以及台東尚未受汙染的質樸美景，更能呼應他們放鬆的需求。

別讓失控的觀光客壞了最珍貴的資產

當大陸成為全世界的工廠與市場，高端的歐美客人，加上眾多陸籍民營企業的專業人士、文化藝術者，其實是我們觀光產業可以著力之處，政府不妨借力使力，一方面善用台灣與大陸無所不及的便捷班機，吸引這群能夠欣賞台灣的自然與人文之美的客人，讓台灣的服務品質和品牌形象藉此提升，樹立獨特的國家定位。台灣在亞洲的吸引力在於安靜、悠緩、從容的氛圍，有別於香港、新加坡的擁擠及商業化，更不同於大陸大城市的高密度人口與汙染。我們最該努力的是，以「質」吸引好客人，而不是一味「衝量」。

超過八百萬、九百萬，甚至一千萬的觀光客人數，如果我們只以數量為目標，台灣原有的「靜」與「美」仍能不變嗎？我們脆弱的生態環境真能承受得起？真的要看到更多景點，像阿里山、日月潭一樣被遊客擠爆，二級的觀光旅館一間間興建，停車場愈擴愈大？一直衝大量，也許在經濟效益尚難評估時，我們寶貴的生態環境、從容悠閒的人文氛圍，早已被破壞殆盡，淪為犧牲品了。

其實倒不是針對大陸朋友，而是針對任何一種市場，分散風險不都是管理學上最基本的ＡＢＣ嗎？三、四十年前，台灣旅遊業曾經一度大量倚賴港澳和星馬團客，當時好幾家旅行社和知名飯店，後來都被海外送客人來的旅行社操縱，受傷慘重。起先，客人先預付訂金，之後就以各種原因晚二週付款，逐漸二週拖成兩個月，由於客源完全倚賴對方，不收，沒有客人；收了，付款期愈拖愈長，最後對方惡性倒閉，台灣的旅行社只剩下苦澀的呆帳。

倚賴團客，飲鴆止渴的例子，在東南亞低價團屢見不鮮。過去，台灣人旅遊泰國大部分是免費團，台灣旅行社不但不必付錢給泰國對口單位，甚至一個人頭可以賺數十美元，一點風險也沒有。但台灣客人的確是付了很便宜的團費，到了泰國，理所當然被帶去藝品店買昂貴的藍寶石以及做按摩，所有寶貴的旅遊時間都被強拉去消費。後來我和泰國觀光局的首長見面時，他們向我無奈地表示已經放棄對台灣旅行社行銷，因為發現其中問題很大。這樣的亂象同樣發生在近幾年陸客到香港的團體旅遊的推廣，消費糾紛時有所聞，甚至引起國際矚目。

當然，大陸當局已出手管控低價旅遊團，也漸漸收到成效。取而代之的是有消費能力，也有旅遊計畫能力的陸客自由行市場。市場的確很大，根據CNN二〇一三年統計，全球觀光客成長最快的十大城市，亞洲就占了九個，前三名分別是香港、新加坡與曼谷，完全拜陸客所賜。然而，最大的問題是素質。因為最近一位朋友到泰北清邁過農曆春節，回來後就告訴我，他完全理解為什麼我會甘冒大不諱，公開表示如果再不控管倚賴單一市場的旅客，一味衝量將會毀掉台灣。

他說，清邁舉目所及，從一流的酒店、著名的寺廟、市集、街道商店，四處都是攜家帶眷的自由行旅客，即使高檔飯店亦然，隨之而來的是嘈雜與擁擠。以前泰北少數民族的精緻手工藝品近年已漸漸稀有，為了應付大批遊客，取而代之的是廉價、粗製濫造的東西。而清邁最大的吸引力是許多清雅的寺廟，在遊人如織、摩肩擦踵之下，想參拜寺廟，獲得心靈洗滌淨化，根本完全不可能。

我相信，任何一個地方的旅遊素質，一定會隨著閱歷與經驗而成長，但這需要時間的淬鍊。三十幾年前，當我帶著台灣的團體到歐洲旅行，住很好的旅館、參觀博物館、上精緻的餐廳時，坦白說，也時常發生讓我汗顏的情況，當時我花了很多時間和團員委婉地溝通，因為旅行的素養，是需要教育和學習的。

我相信，不論是來自何地的遊客，正走在快速的學習道路上，但在此同時，台灣，不論是官方或民間業者，一定要有意識地在這段時間，克服短線獲利的誘惑，謹慎控管，維護台灣最寶貴的資源。我們當然需要吸引觀光客，但要尋找對的人，做好的包裝與體驗，如果吸引的是不對的客人，大量蜂擁人潮只是災難。

走向有質感的人文旅行

為什麼愈來愈多的香港朋友在週末或長假時喜歡往台灣跑？起先他們在台北大街小巷的咖啡廳、書店流連，然後愈跑愈遠，如今高雄、台南、墾丁、花蓮、台東的民宿，四處可見這些來自香港、新加坡、馬來西亞的自由行客人。他們熱愛台灣的自然之美與人文、人情之美，享受悠閒的生活步調與輕鬆氛圍。但台灣這些美好，是獨特的時光和空間積累淬鍊而成，禁不起大量而粗糙的旅遊消費模式。

我想再舉一個澳門發展的故事讓大家一起思考。到目前為止，表象的澳門看起來是一個成功的發展案例，整個城市充斥了各種特色的博弈事業，只是雖然城市繁榮了，稅收增加了，甚至每年國民都可以領到歲末年金，但就在去年，我參加的一個香港創意大會演講中，一個來自澳門的年輕人對我提出了一個問題。他說，現在的澳門已經沒有青年發展的餘地，除了博奕，還是博奕相關產業，土地跟房子都貴到了不可能買得起的地步。賭場賺到的錢，主要還是滙回去給其外國的投資者，賭博的是中國人，輸錢的也是中國人，傾家蕩產、跳樓自殺的也是中國人。大陸現在正在反貪腐，只要大陸政府一個命令，管制和嚴察，就可能一夕間讓澳門的經濟停頓，付出去的代價就無法挽回。對於這位澳門青年朋友提出來的問題，我無言以對，因為這也正是台灣需要反省，甚至是正在面臨的問題。

分散風險永遠是企業經營者、國家經營者要放在心上的。你可以借力使力，但絕不可以只等讓利！它只會讓我們失去了獨立自主的能力，更會讓我們失去世界競爭力！

台灣的美好，當然值得與更多世界各地的朋友分享。台灣的觀光產業，若能朝著正向發展，讓有質感的、以特色民宿為據點的人文小旅行模式不斷成熟，絕對是潛力無窮的未來產業，而且可以遍地開花。少量而有素質的客人，更長時間停留的慢遊與深度旅遊，絕對比走馬看花的大量人潮要來得持恆且永續，不僅對在地年輕人就業、有在地特色的農產品、手工業和服務業的發展，都有幫助，甚至可能比汙染型的製造業貢獻更大。然而，唯有我們一起守護這份獨特的存在，剛發出來的幼苗，才可能持續茁壯。

chapter 08

小而深、小而美：方向對了，路才走得通

每一個世代的台灣人，都面臨不同的考驗，每一個世代，也都要找出不同的解決辦法。展望二十年後、三十年後，在全球化、強國恆強的競爭賽局中，台灣如何擺脫被大國操控的命運，找到自己的定位與優勢？我們一定得明白，未來的世界絕非我們眼前的世界。國際上，各大強國正以種種科技創新，逐步取代自己及後代子孫未來的工作機會。

能源改變未來局勢

這些議題都嚴苛考驗著台灣的施政領導者、教育制定者，以及民間經營者，當然，同時也考驗著未來世代的年輕參與者。無論從哪一個方向，全世界的人類與台灣都無法逃避，必然要面對最終能源的短缺，面對一個完全無法預測的明天。石油存量可能在五十年後告罄，雖然各種報導不一而足，然而，石油終將枯竭已是可以預見的事實。過去數十年來，石油帶給許多中東國家巨大的財富，但令人遺憾的是，財富沒有帶給中東向上提升的精神文明，反而使少數的資源擁有者，創造了極端的豪奢文化。政治局勢動盪不安的中東社會，石油能源一旦耗竭，將面臨更嚴苛的挑戰，全面地影響世界的安全與安定。

有人說，或者將來要靠風力發電，或者潮汐發電，或是太陽能發電，甚至於核能發電。但每一種發電方式都隱含有待克服的技術問題、廢棄物以及其他汙染問題。要想掌握未來，就看誰能掌握住能源以及最尖端的發電技術。

美國顯然有所突破，因為開發出豐富的頁岩油氣，將能以更低廉的成本，維持國內供電。能源問題有新的解套辦法，加上國內失業問題加劇，美國政府當局近來頻頻呼籲該國企業，將生產線自全球移回美國境內。姑且不論這是否是美國總統為了討好選民的政治語言，但我們也不能不預做了解，如果未來加上機器人科技的進步，低廉勞力的需求勢必大量削減。換言之，二十世紀以來的全球產業分工模式，以廉價的勞動力和汙染土地博得翻身機會的經濟弱勢國家，在二十一世紀還能持續多久？

根據最近的報導，未來的科技將可直接以衛星萃取太空中的太陽能，再以無線傳輸的方法，將能量直接供應到地球。擁有這樣科技的強國，不但足以應付本身需求，也能運用無線傳輸科技，形成供電系統，將電力傳輸到指定的其他國家，這是否代表新一代的科技強國，將更能支配人類的未來？這已經是一個我無法想像的未來。

台灣的未來出路

強國恆強，勢不可當。到目前為止，能源依然必須完全仰仗進口的台灣經濟結構，這一切都預告，在這一波的科技競賽中，台灣相對弱勢。絕路中，當然也有生機，端看我們用什麼態度來面對我們的未來。即使科技再進步，目前人類仍有無法解決的難題，例如，地球的氣候問題。隨著更多新興國家的鄉村城市化，生態環境快速惡化，兩極的氣候型態只會愈來愈嚴峻，持續威脅人類下一代的生存。

我可以大膽預言，未來的世界，人類將被迫從強取豪奪、大量消費、破壞的態度，回頭轉向簡樸、環保的生存之道。而當物質需求下降的同時，必定要從精神層面得到補償，學習與自然共存，深化文化與文明的深度和厚度，練習過一個自願素簡、但精神富足的簡易人生。而這些，又正是在一個「隱性」的台灣中，已然啟動的希望幼苗。

我一直覺得，「顯性」的台灣，喧囂、浮誇、苦悶，但這很大部分是大眾媒體偏頗扭曲的形貌。不論各行各業、各專業領域，從台北到台東，我看到太多質樸、認真、敦厚的朋友，始終堅定地守住初心，不忘初衷地堅守崗位。

台灣很小，甚至這幾年在中國、印度等大國崛起的亞洲風雲中，逐漸被邊緣化。但小，真的是缺點嗎？邊緣化真的是悲哀的宿命嗎？瑞士、丹麥和荷蘭都很小，但它們在歐洲，乃至全球，都有自己的特色，以利基建立自身不容忽視的定位。

而台灣，在亞洲的華人圈，當然也有別人無法企及的優勢。我們數十年積累的文明社會、民主自由、生活態度與人民素養，以及正向積極的宗教文化，正是我們的優勢，正是香港、新加坡和中國大陸，許多精英份子被台灣文化吸引的原因。它正潛移默化的影響華人社會的文明，它也正是台灣立足亞洲、放眼世界的支點。

如何以「小」立足世界？

小，不見得敵不過大；素簡而快樂，不見得敵不過財富與奢華。台灣真正的優勢不再是金錢的積累，也不是大資本的硬體建設，而是文化的內涵和它的擴散力。以奧運為例，中國大陸花了這麼多錢，動員這麼多人力、物力，拆遷了這麼多百年胡同與建築，做出一個氣勢輝煌的二〇〇八年奧運會，但是，事後包括大陸知識份子，都覺得能夠得到更多掌聲的，卻是二〇一二年英國的奧運會，以輕描淡寫、不露痕跡、詼諧幽默的手法，提醒大家自工業革命以來，一切重要文化的創新，英國從來都沒有缺席。

因此，在未來的全球賽局中，台灣要以小而深、小而美的文化獨特性找到未來。例如，以我較熟悉的旅館產業來說，台灣此刻為了因應大量成長的大陸觀光客，從城市到鄉間，開發商正在蓋更多的五星級飯店和商旅型飯店。其實它的意義不大，尤其對自然保育應優先考慮的偏鄉，這些不但更不符合節能減碳的普世價值，也比不過其他早已成熟發展休閒觀光產業的國家，如印尼、馬來西亞與泰國。

我認為能讓台灣凸顯特色和競爭力的，反而是充滿人情味與在地風味的民宿，或是具有文化特色的中小型旅館。台灣的民宿發展不斷在軟硬體上快速進步，如今很多民宿以太陽能和可以呼吸的綠建築設計與環境共存，比起觀光大飯店，此類民宿更可以找到一條和自然相處的道路。

而民宿主人的文化素養和自然散發出來的生活意境，更是很多香港和歐美客人非常喜歡的。最近《華爾街日報》有一篇報導，提到「你必須拋棄的十個最不需要的過時商品」，除了大家都知道的傻瓜相機、有線電話和有線電視，其中之一居然就是旅館。因為他們認為民宿已經成為現代人追求生活品質的旅行新選項。這篇報導正呼應了我的看法，當代文化人的追求，才是台灣的優勢。

因此，我樂觀相信，只要有好的公民教育，尤其是追求質、放棄量的教育（例如，以藝術探索幫助學生找到天賦的全人教育、弭平城鄉貧富差距的數位教育、不放棄偏鄉弱勢孩子的教育），台灣過去厚實的文化積累必得以延續，得以與時俱進。我相信台灣仍然大有可為，能成為全球華人的文化標竿。

第三部

來到教育現場，學習真的不一樣

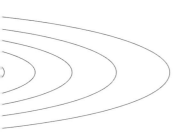

有一條路，辛苦又漫長，天天都要灌溉、翻土，收穫難以掌握，汗水可能白流。但除此路，再無捷徑。不腳踏實地往下扎根，年輕人將學不到對應未來的裝備，台灣也無法蛻變為成熟的公民社會。

這條路是教育，也是一切問題的根源與答案。當十二年國教成為爭議熱點，台灣個個角落的教育現場，已出現許多追求教育本質的教學變革。老師不再教導標準答案，致力培養學生發掘、探索問題以及深度思考與整合的能力；「數位學習」以及「翻轉教學」也正在教育現場發酵，引發共鳴。

如果不希望見到更多念完大學研究所，仍對自己不了解、對世界不關心、對未來沒有想像的年輕世代；如果不希望十二年國教又是一場空耗的徒勞，就必須去除大量填鴨式內容，強化最基本、最重要的教育內涵，以及釐清方向，爬梳真正的實踐之道。

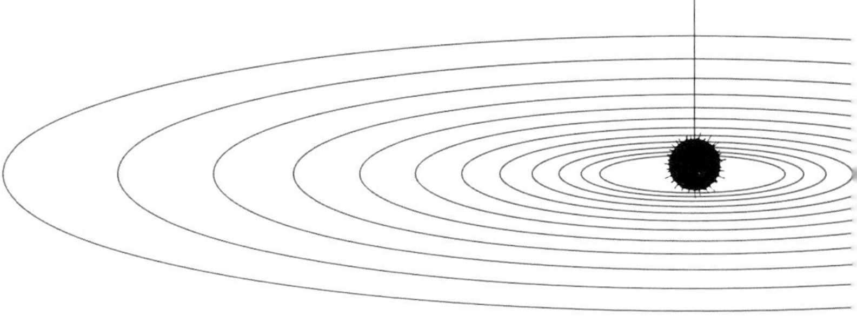

chapter 09

教育真的可以不一樣

關於教育，倉促上路的十二年國教無疑是「熱」議題，引起多方討論爭辯，但我想在此提出的，是更本質性的思考：十二年國民教育真正應該教給學生什麼內容？與其我們持續不斷的批判，倒不如大家積極參與討論教育改革應該走的方向。台灣的教育的確需要改變，如果我們能及時以正面的態度看待這件事實，一代代即將畢業的學生，就不會繼續成為過去教育的犧牲品。

教育是探索一切問題的源頭，改變的根本解決之道。持平來看，十二年國教政策的立意，在於呼應時代變革的需求，不論是多元入學方案或是因材施教、適性揚才的出發點，都是正確的。只可惜快速的宣示、匆促的執行，忽略了任何一個政策都必須循序漸進；變革成功必須從源頭的老師開始。如果站在教育第一線的老師無法率先改變，如果沒有提供他們一套新的訓練方法、評鑑制度，老師們也只能將原來被養成的舊方法套用於新制度上，讓所有的改革都窒礙難行。

令人擔憂的是，外圍補習業者見招拆招，早已準備好一套對策，當有資訊能力和經濟優勢的家長到處尋找方法與配套措施，最後被犧牲的，仍然是偏鄉弱勢家庭的下一代。

我不希望再針對此議題做過多的探索與描述，只想提醒政策主導者、所有教育工作者，以及憂心忡忡的家長們：請回到核心概念去理解，這樣巨大的制度改變，目的是希望孩子在更健全的教育環境中成長，找到自己的自信與天賦，以因應未來世界的變化，培養具足的競爭力。

嚴苛的人才升級考驗

把時間拉遠一點來看，台灣的教育制度曾經是社會階級流動的主因，過去貧困家庭的孩子可以藉著一路苦讀往上攀爬。另一方面，教育也曾是為台灣經濟發展奠下基礎的功臣。數十年前，國民平均所得不足，政府無力挹注教育經費，有能力的家庭占社會少數，貧困是多數家庭的寫照。在這樣的情況下，很多家庭自然產生分流：會讀書的孩子持續往精英大學邁進，想盡辦法出國深造；學習考試能力稍差的學生，安於進職業學校，甚至投考軍校；會讀書考試、卻家貧的人則進入公教體系，這也是何以很多老師和公務員的出身相對貧困。當時，不少家庭只能栽培一個會讀書的孩子，其他手足往往要「犧牲」自己念書的機會，成全全家最會讀書的人。

台灣是這樣走過來的，透過教育，人才勉強達到各取所需、各安其職的平衡。但隨著經濟發展，國民所得提高，過去自己沒機會念大學的家長望子成龍、成鳳，想要給下一代比自身更好的教育品質，創造了政治人物討好選民的機會。如今，全台有一百六十多所大學，高等教育再也不是曾經一位難求的「窄門」了。這固然暫時滿足了家長的需求，卻稀釋了學歷的競爭力。如今，除了大學供過於求，雪上加霜的是，全球教育體系都在面臨新時代的考驗，巨大的變革正在上演，而我們，無所選擇，必須跟上世界變革的腳步。

以前，台灣是國際製造體系下的下游外銷接單廠商，從早期製造業到科技產業，仍以代工為主流，需要的人才，是能夠如實製造的「好學生」。打個比方，技術領先的國家，他們因應市場需求站在產業上游，就像是設計題目的老師，台灣的產業則像答題的學生。在這一波國際分工體系中，我們是「模範生」，本著台灣人勤奮工作的本性，加上各國專業技術研發的成果，幾乎全數透過技術移轉而薈萃於此，使台灣維持了相當長期的國際競爭力。然而，進入數位經濟時代，傳統製造業該外移的早已外移，IT產業近五年也已被大陸追趕上來，我們正面臨嚴重的人才與產業升級考驗。當國際競爭不再有疆域，也已失去了國境保護，這是任何一個開放社會都要面對的挑戰。

模範生不足以帶領此刻的台灣

光是會好好填寫標準答案的模範生，再也不足以帶領台灣了！下一代的學生必須擁有主動思考的能力，對於問題有分析、批判、找出解決方案的能力，這不僅是產業創新升級的關鍵，也是台灣要成為真正成熟的民主社會、選民要成為負責任的公民，教育應該著力的地方。

而從世界性的教育變革趨勢來看，資訊的大量開放、線上學習的普及和學習方式，在在面臨了決定性的改變。在一鍵按下就可以獲得所有資訊的時代，過去死記、死背的學習模式已不足以讓學生面對世界。如果老師和教授再也不能將過去所學的知識，轉化成因應今日，甚至明白競爭所需的學習能力，那麼，老師必須學習的新功課是：翻轉過來，把學習的主導權交到孩子自己的手上。我在上一本書《教育應該不一樣》中，極力強調的是「教育不應是注水入壺，而是點亮蠟燭！」老師應是協助孩子探索天賦的導師，隨著線上開放教育的深化，老師可以調整角色，從資訊傳播者變成特定領域的整合者，上課前過濾、篩選、分析最新、最好的數位資訊課程，預先交給學生做課前準備，上課時則讓學生主導討論、發表看法，老師則扮演同步引導的論壇主持人。

這樣的學習，教導的不是標準答案，而是發掘、探索問題，深度思考與整合表達的能力。除了從做中學的啟發或教學，「數位學習」以及「翻轉教學」

這兩大教育趨勢正開始在台灣的教育現場發酵，已有一批教育工作者走在這條道路上，引發愈來愈多的共鳴。

三個素養與兩個能力

重新回到十二年國教，學校應該教些什麼？在向許多老師學習、請教後，我相信，原有大量填鴨式課程應該刪減，更重要、必須加強的能力，我簡單歸納為三個素養、兩個能力。這三個素養分別是：

1. 品格的素養
2. 公民的素養
3. 人文藝術的素養

我覺得，這三種素養關乎台灣的大未來。什麼樣的國民，就有什麼樣的政府，品格的訓練必須從小養成，是先於所有教育的基礎；品格也是社會共同遵循的默契與互信的基礎；公民素養則是決定我們選出什麼樣的政府、什麼樣的民代，也包括如何正確監督他們的能力；人文與藝術的素養更是決定社會的美學，以及精神生活的重要資產，它是下至平民；上至總統在出社會前就必備的基本素養，有了它，才會珍惜自然資源，有了它，才能讓人類從金錢權力走向找到更豐厚、自在的生命價值。

此外，還有兩個需要培養的能力是：

1. 關心世界的能力

2. 謀生的能力

以目前世界發展的趨勢，任何變化都會影響我們未來的生活。台灣過去極度內化的教育環境，使青年人喪失了走向大海的能力，只有深切了解世界的變化，才能夠掌握自己的命運與優勢。而謀生的能力，更是必須在學校時，就在老師的支撐下隨時探索、修正、再出發！而且，務必要讓年輕人在完成十二年國教以前，已經大致明確了解自己發展的方向，掌握賴以謀生的工具。職務沒有貴賤，只要能夠對人類有貢獻，就是好的工作。

第一部已經針對公民素養做了許多描述，接下來我將一一詳述其他應培養的能力。

chapter 10

打破一切限制，迎接數位學習大趨勢

二〇一一年初，賈伯斯與新聞公司（News Corporation）創辦人兼執行長梅鐸（Rupert Murdoch）共進晚餐，他預言，iPad終會淘汰紙本教科書。因為只要學生手中有iPad，教室有網路，孩子就可以扔掉厚重的書包，所有的知識以及相關的資料搜尋，全部都可藏在薄薄一片平板電腦中。這是賈伯斯生前的夢想：用科技改變教育，讓人類過得更幸福。

賈伯斯的願望正逐漸成真。二〇一三年六月，美國洛杉磯教育局決定未來發給每位中小學生一台iPad，內建培生出版集團（Pearson）的軟體，可以取代紙本課本。洛杉磯聯合學區是全美第二大學區，十二年級以下的學生超過六十萬人，「教室無紙化」又朝前邁進一大步。同時，蘋果以其最擅長的軟體開發，積極搶占教育市場，開放iTunes U服務，提供免費教材，並和出版商合作，推出套裝軟體。但就在以科技產品取代實體書本，走向「教室無紙化」的同時，另一個線上學習的新趨勢也正在茁壯。

在《教育應該不一樣》出版後，我就特別關注世界各地線上學習帶來的改變。我在無數次對教授、老師和同學的演講中，一次次提醒大家，線上學習的新時代已然成熟，而且這兩年的發展更已從中小學的學習，延伸到領導性主流大學的開放課程。

你準備好了嗎？一起迎接線上開放教育的大時代

你可以選擇最好的老師，包括史丹佛、哈佛、MIT知名大學教授所提供的最佳課程；你可以選擇自己喜歡的上課時間和地點；你覺得家庭作業太難，在線上一提出問題，平均只要等待二十二分鐘，就有熱心的同學幫忙回答。更棒的是，這一切，全部免費！不管你是印度貧民窟的窮學生、中東不准上學的回教女性，還是十八歲或八十歲，統統可以註冊，馬上開始學習。這是天方夜譚，還是理想的桃花源？不，這是正在發生的全球教育大變革，全世界已經有數千萬人這麼學習。只要有電腦、網路，只要你有學習的熱情和動力，就可以跨入自主學習的領域，利用教育，翻轉人生。

二〇一二年是關鍵的一年，美國《紐約時報》稱之為「MOOCs元年」。MOOCs就是「巨型開放式線上課程」（Massive Open Online Courses；又稱磨課師）。矽谷的私募基金與MIT、史丹佛大學和哈佛大學等名校的教授、科學家攜手，先後集資成立了MOOCs線上學習教育系統。最具規模的三大系統分別是Coursera、Udacity和edX。其中，二〇一二年二月創立的Coursera，創辦人是史丹佛大學電機系教授柯勒（Daphne Koller）和華裔副教授吳恩達（Andrew Ng）。我一路關心它的成長，目前看起來，應該是發展最見績效的課程。

我曾和史丹佛大學終身教授、也是中研院院士的孟懷縈教授聊過線上教育。二〇一二年八月，她告訴我，部分同事還很猶豫，不知是否應該加入這個浪潮，擔心如果把課程內容都開放出去，是否會影響史丹佛大學本身存在的價值？但到了二〇一三年，她很肯定地說，學校內部經過一些探討，同儕已取得共識，認為這是不可阻擋的趨勢。他們甚至表示，如果史丹佛大學擔心以免費公開的形式與普羅大眾分享課程，將影響該校的精英招生傳統，那麼，或許史丹佛大學根本不值得學生繳那麼高的學費。有自信的教授不但不怕分享，反而可以利用現成的平台編程，讓學生先做準備，增加和學生互動、討論的機會，甚至分享其他教授的觀點，做為與學生討論、研究的基礎。

柯勒教授也在二〇一二年八月初於TED發表演講，談到創辦Coursera的緣由、線上教育的精神、如何以互動式課程增進學習效能，以及反思教育的本質，許多觀點都頗具啟發性。

教育是不可剝奪的天賦人權

柯勒出身於美國中產階級家庭，家中三代都出博士，她從小在父親的實驗室長大，自然投身學術界。她在演講中提醒世人，並非每個人都得以享受良好的教育品質，而就在南非約翰尼斯堡大學，不久才發生令人心痛的悲劇。由於南非的教育體系是在種族隔離時期由少數白人所建立，因此無法提供足夠機會給社會上許多有意願、也應該接受大學教育的年輕人。二〇一二年年初，約翰尼斯堡大學釋放若干名額開放申請，當天清晨出現了上千人潮在大學門口排了一哩長的隊伍，以爭取少數名額。大門一開，眾人爭相搶進，推擠踩踏之下，二十餘人受傷，一人死亡，柯勒說：「死亡的是一位母親，希望為他的兒子爭取一個教育機會，一個較美好的未來。」

她認為佛里曼（Thomas Friedman）在《紐約時報》專欄的一段話，恰可以說明Coursera崛起的精神：「劃時代的突破往往發生在可以掌握當下最迫切需求的瞬間。」（Big breakthoughs are what happen when what is suddenly possible meets what is desperately needed.）

當時，她的同事吳恩達在史丹佛大學開設了一堂每次允許四百名學生選修的大班課程，這門課後來在網路上對一般大眾開放時，吸引了一萬人選修，他們兩人立刻看到了開放課程的影響力，認為值得擴大實施。「我們的目標是從最好的大學網羅最好的老師，然後把最佳品質的教育，提供給全世界各角落的每一個人，並且免費。」當她說這段話時，創辦半年的Coursera已有四所大學開設不同學門的四十七堂課，吸引六十四萬個學生、一百四十萬次的教學影片點擊。

Coursera的成長突飛猛進。到了二〇一三年十月初，短短二十個月，加入開放課程的全球知名大學已經一〇八所，共有六百二十九門大學課程，參與的大學包括史丹佛、普林斯頓、賓大、哥倫比亞大學，亞洲則有香港中文大學、台灣大學、日本東京大學，以及北京大學等①。全球有兩百多個國家、四百萬人至少註冊過一堂課程（台灣大學葉丙成教授的數學課程已經被列入最受歡迎的華語課程之一）。

Coursera課程基本上以一週為單位，有課堂測驗、作業和考試，與一般上課形式非常接近。來自世界各地的「同學」，除了組成各種網路論壇討論小

① 資料來源：Coursera網站，https://www.coursera.org/

組，組員互相學習評分外，甚至也開始從虛擬走向實質，許多城市都有同學每週見面一次，進行面對面的小組讀書會。一學期課程結束，Coursera會發給證書，標示成績，也開始有少數大學願意承認學分，如喬治亞學院正打算承認Coursera一門電腦課程，轉換成碩士需要的實際學分。

傳統教育必須改變

雖然不同系統的高等教育開放課程，都面臨同樣的挑戰，也就是註冊後中斷學習的比例太高、獲利模式不明，但另一方面，使用者不斷成長，內容提供者持續增加，已成為高等教育不可逆轉的趨勢，若說高等教育領域可能發生一場大革命，並不為過。

那麼，傳統大學教育未來會被淘汰嗎？線上課程能夠取代面對面的教學嗎？兩位創辦人都不認為如此，但認為過去傳統的上課方式必須改變。就如同古希臘作家普魯塔克（Plutarch）所說的智慧之言：「我們的心智不是需要注水的容器，而是需要點燃的火柴。」換言之，與其一直以單向講課的方式去填滿年輕學子的心智，未來的大學老師，若要保有競爭力與存在價值，就應該要花更多時間多和學生談話、互動，甚至共同學習，藉以點燃他們的創意、想像力和解決問題的能力。

線上課程如何和面對面的教室課程相輔相成，幫助學生學習？這一點，也許影響力更大的先驅是可汗學院（Khan Academy）。二〇〇六年，自薩爾曼．可汗（Salman Khan）上傳第一支算術教學影片開始，到二〇一〇年，Google與比爾．蓋茲分別贊助兩百萬、一百五十萬美元，成立了四十餘人的非營利組織，可汗學院如今堪稱是地球上最大的教育機構。課程內容更從小學一直擴展到大學，除了被數以千萬計的學生當成免費家教運用外，更協助許多中小學教室改變上課模式。連比爾．蓋茲都曾公開承認，可汗的數學課程讓他女兒愛上數學。

在其著作《可汗學院的教育奇蹟》中，薩爾曼這位孟加拉裔的數學天才認為，每當歷史出現轉折的時刻，就會出現新的教育體制與模式，例如，北美洲成為殖民地後不久，哈佛大學與耶魯大學相繼成立；工業革命與美國各州領土擴張之後，麻省理工學院、史丹佛大學與各州立大學應運而生；而他相信，此刻正是史上最重大轉折的初期，「這個轉折就是資訊革命。在革命當中，改變極為迅速，深度創意與分析思考的能力不再可有可無，也不再是奢侈的餘裕，而是必備的求生技能，只讓全球部分人口接受高等教育，將是人類承受不起的損失。」因此，可汗學院的創校宣言即是善加利用現有科技，讓所有人都能接受免費的一流教育。

這個傳奇的緣起，非常溫馨動人。幾年前薩爾曼的親戚拜託他替小學六年級的表妹娜蒂雅惡補數學，因為一向全拿 A 的娜蒂雅搞砸了數學分班能力測驗，讓她失去信心，自我評價低落，以為自己沒有數學天賦。這和我們很多台灣小學生早早放棄數學的歷程是不是很像呢？很多小學生可能在一個代數小單元，腦袋一時轉不了彎，從此跟不上，就放棄了數學。

在薩爾曼指導下，娜蒂雅果然高分通過數學分級測驗，於是可汗家族的親戚朋友爭相請他替孩子補習，這位麻省理工學院畢業的數學天才，因此發現自己愛上教學，於是開始設計一些教學軟體，可以自動出題、記錄學生的答題成果，幫他追蹤表弟妹的進步程度，這就是最早期的可汗學院。二〇〇六年，他的朋友建議他「擴大事業規模」，不妨將影片上傳至YouTube，使可汗家族教學院受益的不再限於家族親友，而能延伸到全球各地的網友。如今，可汗網站已提供四千多支、各十幾分鐘的教學影片，包括數學、科學、經濟學、財務行銷以及世界歷史和藝術史等內容。每個人只要上網登錄註冊，網站每週會寄信提醒你上課，並擁有一份專屬個人的學習紀錄。截至二〇一四年三月，可汗影片已經超過二億三千萬人次觀賞②。

他認為，每個孩子的學習進度不同，傳統的教學方式分班、分級，同時上一定的內容，跟不上的孩子容易分心，覺得自己很笨，有了可汗學院，他們就

② 資料來源：可汗學院中文版網站。http://www.4ggc.net/content.php?id=46

可以在家裡或喜歡的地方，以自己的節奏反覆觀看影片，重複練習，不用怕丟臉，跟不上別人被嘲笑，有助於充分發揮個人學習潛能。

可汗學院正逐漸走進實體世界的中小學教室，成為輔助教學幫手。這是一種「翻轉教室」的新學習模式：既然網路課程如此豐富，可不可能由傳統「老師講課，學生回家做作業」的模式，大翻轉成「學生先在家裡聽完課程，再到學校，在老師的指導下，分組和同學討論，並做練習」？換言之，只要教室裡有電腦，老師可以掌握每個學生在可汗學院的學習進度與困難，單向講課的時間節省下來後，可以花更多心力補強學生的個別需求，以及設計更多的互動討論。

我非常贊同「翻轉教室」的新嘗試。傳統的學習，學生處於被動的角色，按照學校設計的教材、進度，照章念書。跟不上的人，要自己想辦法去補習或請家教，沒有經濟能力者只能早早放棄。這是工業革命以來的學習模式，但現在的世界，如果我們都同意，創造力、理解力和解決問題的能力，才是最重要的，為什麼我們還要沿襲工業革命時代以來的舊教育模式呢？

中文的學習平台——「均一教育平台」

不論是MOOCs以高等教育課程為主體，或者可汗學院的家教模式，這一波免費開放課程革命，最大的意義在於，撤除教育的各種藩籬，只要有能力、有動機，貧富、種族、性別、年齡、地域等種種的不公平都會被打破，讓教育變成真正的天賦人權，人人有機會透過教育改變人生。

然而，我必須說，台灣學生在這一波浪潮中，不見得能夠充分得益，因為「英語能力」很可能成為最大的障礙，這也是我最憂慮的地方。明明免費知識寶庫近在眼前，內容卻大部分是英語。這是否預示英語在未來極可能變成一道障礙，劃分開英語系國家和非英語系國家下一代的競爭力？

英語能力不可能一蹴可幾，而學習不能等待，台灣的孩子能不能擁有中文的線上學習資源呢？在籌思、參與均一中小學的同時，公益平台基金會的大天使方新舟先生與我，就開始注意到國際上風起雲湧的數位學習趨勢，以及「可汗學院」的發展。在二〇一二年，方新舟董事長開始動員他的誠致基金會，參照可汗學院的模式，全力投入華語線上教學，成立同樣是免費的教育資源網站──「均一教育平台」（http://www.junyiacademy.org/）。

一開始，在夥伴和志工們的協助之下，均一教育平台致力將「可汗學院」線上學習系統和許多國中小的數理教學影片中文化，但對於英語不是母語的台灣學生，在學習上仍有隔閡。方董事長立刻體認到其中的問題，於是即時轉向，讓均一教育平台主動與台灣國中、小學老師合作，錄製一些更貼近台灣學生學習所需的中文教學影片，一方面希望藉此讓學生能在下課時間先主動學習，使寶貴的課堂時間不再是老師單方面的講課，一方面也讓老師更有餘裕陪伴孩子探索更多知識。但即使如此，仍然無法滿足快速成長的學習需求，於是在方董事長的感召之下，許多年輕人紛紛加入教師團隊，其中最值得一提的就是呂冠緯的加入與付出。冠緯畢業於台大醫學系，在考上醫師執照、自海軍醫官退伍後，加入了誠致基金會。冠緯的加入使我們如虎添翼，他不但親身加入大量錄製的行列，思路清楚的他還能文能舞，可說是新一代年輕人的最佳典範。

二〇一四年，均一教育平台已經擁有兩千一百多部影片，超過三萬名免費註冊上網人次（我個人更樂觀的估計，到今年結束之前，應可上看十萬人）。許多應用均一教育平台的學校和師長，例如，台東桃源國小、台中市光榮國中鍾昌宏老師、北一女中孫譽真老師等，都陸續反映學生開始展現高度的學習熱情。

二〇一四年一月，在均一教育平台招募志工的記者會上，台東縣武陵國小的莊鵬輝老師特別分享了一個故事。

他說一個平常流連網咖、玩線上遊戲的小三學生，有一天得意的跑來向他炫耀：「老師，這題我卡關好久，早上終於破解！」他所「破解」的，不是超難打的「怪獸」，而是已經接近國中數學程度的「負數」概念。莊老師問他：「你是怎麼做到的？」這名小三學生回答說：「我就算一算，試一試，不行就再『想一想』。」聽到「想一想」這三個字，莊老師心裡洋溢著感動，這不就是孩子最珍貴、一輩子最需要的「獨立思考」能力嗎？

均一教育平台成立兩年，不只是偏鄉的學校、課輔單位積極投入使用，從流量數據上發現，其實許多流量來自大台北都會區，據說也有補教業者開始應用這個平台進行教學，效果極佳。

均一教育平台剛剛起步，無論是使用介面、課程內容，都還有許多進步的空間，若希望這個平台快速成長，必須廣邀志工和各方高手，透過使用者挑剔的眼光，讓它進步得更快，持續擴增內容量和使用人數。我們更期盼隨著有志於「翻轉教室」的老師愈來愈多，學生和老師能善用雲端平台資訊，開展新的互動關係，互相扶持，讓學校變成一個創意激盪的場域，老師與學生的天賦和能量都能充分釋放。

我們的腳步要更快

以高等教育開放課程為主的MOOCs，台灣並不打算缺席。除了台大已有課程放進Coursera ，可供全世界學生選修，教育部也有雄心壯志，打算推出「磨課師」（MOOCS）計畫，初期目標是將台大、清大、交大、陽明等十五所學校納入磨課師聯盟，希望在二〇一四年年底開放一百門課程，搶攻華文市場。教育部資訊及科技教育司司長楊鎮華就公開表示，「數位學習推動計畫」是未來教育部要推動的五大施政重點之一，希望透過磨課師分項計畫，「提升線上課程的品質，樹立教師教學的典範，達到實現全民教育機會、發展台灣數位學習產業的目標，建立華語文世界第一品牌，成為亞洲第一、世界唯二的數位學習領航者」。③

美國的MOOCs發展迅速，背後是由矽谷私募基金支持，走矽谷創業模式。雖然目前各家網站的商業模式都還在嘗試階段，但依照過去發展成功的企業來看，都是先行投入巨額資本，以內容和服務吸引大量使用者後，再慢慢建立獲利模式，例如Google和Facebook都是如此。數位創業失敗率極高，因

③ 資料來源：教育部全球資訊網。

此，絕對需要專業者以經營企業的精神，目標明確且定位清楚地全神投入。台灣MOOCs由教育部「指導、負責」，這個發展模式並不難理解。畢竟國立大學是由國家預算支持，不若美國一流名校大多是私立大學，但這畢竟是需要和速度競賽的創新事業，台灣的腳步應該要更快。

台灣大學MOOCs課程執行長葉丙成副教授，深具推廣熱忱，正帶領一批老師與同學積極製作線上開放課程內容。二〇一四年三月，Coursera創辦人吳恩達教授還特別來信鼓勵，表示根據統計學生的IP，台灣大學所提供的機率、紅樓夢、秦始皇、史記四門課，是全球華人學生註冊最多的課程。即使北京大學、上海交大短時間內已推出多項課程，台大課程也絲毫不遜色。這是讓我們振奮的消息，衷心期待其他大學也能快速跟上。

有趣的是，中國大陸在二〇一三年短短一年內，資本市場競相投資線上教育網站，部分已建立了獲利的商業模式。簡單來說，中國大陸將線上教育視為一門好生意，不同網站各有其利基市場，例如，滬江網主打外語學習，註冊用戶號稱四千萬，獲得兩千萬美元的融資；以平面設計、網頁設計為主力的刑帥網絡學院，號稱已達十萬用戶，營業額達六千萬人民幣；多貝爾則獲得學而思教育集團三百零八萬美元的策略入股。雖然中國目前火紅的不是高等教育免費課程，而是透過網路科技將教育產品化、商業化，但皆已培養出極其可觀的線上教育消費者。

回到台灣，我衷心期盼我們的大學教授能夠善用線上開放課程，擴大學生的學習視野。過去，很多美國教授上完課後，會提出指定閱讀章節，要求同學先行預習。我期盼未來台灣的教授指派的回家作業，是指定觀看線上開放課程世界級教授的課，要求同學先行上網聽講，做為下次上課時的基礎。換言之，大學老師不但自己要同步吸收該門課的最新趨勢，也要以自己的專業替同學扮演過濾者，畢竟開放課程如滿天繁星，完全由同學自行摸索可能找不到方向，浪費時間。台灣的教授若能好好利用線上開放課程做為輔助教學的工具，我相信絕對有助於在這波浪潮中保持競爭優勢於不墜。

我想對青年朋友說，我在過去兩年與大學生接觸的經驗中，雖然國際線上學習已經是世界非常明顯的趨勢，台灣媒體也在陸續報導，可是知道的同學還是鳳毛麟角。現在Coursera一些課程已經中文化，許多課程都配上了英文字幕。為了讓全球更多人可以進入學習領域，許多授課老師都盡量以易懂的英文講課，只要具備中學以上的英文程度，史丹佛、普林斯頓等名校教授的課程，並不會艱澀到難以進入。與其花過多的時間在不急、且不重要的社群網站，或是沉溺於充斥各種遊戲的網路世界，不如稍稍用心，進入與世界同步學習的學術殿堂。我們不該讓機會與競爭力消失在眼前，其間取捨，不但攸關你的未來，也攸關整個台灣的前途。

延伸思考

翻轉教學的熱潮

二〇一四年一月二十五日，誠致基金會結合台大與公益平台，主辦了一場「翻轉教學工作坊」。來自全國各地中小學、想要改變傳統教學模式的老師們，都希望能藉由此次活動，將翻轉的種子帶回教育現場。其中，中山女高國文老師張輝誠的「學思達教學法」引起極大迴響，而所謂「學思達教學法」是希望透過學生自「學」、「思」考、表「達」，來翻轉傳統老師單方面講述的僵化教學方式，讓學生重新掌握學習主動權。

誠致基金會協助建立「學思達教學分享平台」（http://flipping-chinese.wikispaces.com/），並將張老師的演講製作成影片，短短的時間已有一萬次的點擊。張輝誠老師的翻轉教學法，影響力正在大幅擴散。極具熱情和執行力的他，在這條道路已經摸索了十五年，他自二〇一三年九月開始開放他的國文課堂，目前已有八百多位來自全台、不同科別的老師來到中山女高觀課，許多老師並在臉書以及學思達平台上分享他們的觀課心得，以及回到教室後具體實踐的挑戰。

最難能可貴的是，張老師不只是開放教學現場，更將耗費極大心力製作的高中國文課程「翻轉講義」，完全無私地在網路平台上分享，並且號召了其他熱情的老師共同參與製作。

翻轉教學不可能一蹴可幾，需要更多資源協助培訓老師。由於翻轉教學跟現行教學方法差異很大，如果沒有經過適當培訓，老師難免挫折，學生跟家長也不見得滿意。張輝誠老師是先行者，誠致基金會也以民間之力全力投入，台灣仍需要更多有心、有資源的人偕同參與。

chapter

II

談品格素養過時了嗎？

最近有兩位對年輕一代擁有巨大影響力的「偶像」，兩人都名利雙收，但卻顯現出截然不同的生命格調。

一位是二十九歲的Facebook創辦人祖克柏（Mark Zuckerberg），二〇一三年在耶誕節前捐出大筆持股給慈善機構，市值約三百億台幣，成為全美最大慈善家。前一年底，他也捐出數目相同的持股，在二〇一二年全美捐款排行榜上，僅次於巴菲特（Warren Buffett）。祖克柏捐款行善已行之有年，臉書上市後，一夕成為億萬富翁的他，沒有被突如其來的名聲和財富沖昏了頭，仍然穿著簡單、不開名車，崇尚簡樸生活。

另一個是十九歲的年輕歌手小賈斯汀（Justin Bieber），他則在成名後失控暴走，包括在澳洲黃金海岸的飯店噴漆、在阿根廷演唱會上踐踏阿根廷國旗，以及吸毒、酗酒並酒後駕車。一連串脫序的行為讓全美超過十萬人連署，希望取消他的綠卡，把他趕出美國。很多美國父母也擔心，他的行為將會影響以他為偶像的年輕小孩。

面對突如其來的名氣和財富，祖克柏不受誘惑，堅守自己的人生紀律；成長於加拿大小鎮的小賈斯汀則失去抵抗能力，向誘惑投降，兩人呈現出完全不同的「品格素養」。

有品格素養，才有好公民

什麼是「品格素養」？我認為是一種品行、格調，甚至是格局的整體表現。當思考十二年國教應該放進哪些重要的教育內涵，「品格素養」迅速浮現在我的腦海。因為唯有社會的每一個個體具備品格素養，才能談公民素養，才能形塑公民社會的願景。而品格素養是需要時間一點一滴培育，而且愈早開始愈好。

台灣其實從小學就有「生活與倫理」，中學則有「公民與道德」。忠孝仁愛、禮義廉恥、四維八德，這些如今被視為八股、教條的口號，在我成長的年代，從中小學，甚至到大學，就不斷被耳提面命。每個學校都有教官監督學生的言行舉止，評判每個人的「操行」，小從女生裙子和男生頭髮長短，大至考試作弊、校外交友，都是教官的管轄範圍。

當然，威權時代形塑年輕學生品格的教育模式，今時今日不可能行得通，但是，尊重學生自主性與培養孩子自由想像力，與品格素養的理念完全不相違背。不管在任何時代，禮貌、誠信、愛人、言行一致等等，都是不變的價值。也許教育的形式和方法必須因時、因地制宜，核心價值卻不應改變，是父母、老師不能迴避的教育責任。

其實，品格素養的出發點，很多來自於「害怕被處罰」的人性。例如，公眾場所禁菸、騎機車戴安全帽和酒後不開車，都是為了保護自己、保護別人應該養成的好習慣，但如果只有理念宣導而無罰則，或是執法寬鬆，就只會停留在「好觀念」的層次，無法落實為「好行為」。

然而，好的行為習慣一旦行之有年，形成共識，就會變成社會眾人所維護的價值。例如，在台灣各地，任何需要排隊的場合，買電影票、搭捷運，爭先搶後或是插隊的行為，近年已經少之又少，只要任何人敢插隊，違反已成共識的「禮貌」或「尊重別人」的價值，自然會被唾棄。很難想像，僅僅二十年前，插隊仍是台灣很普遍的現象，熱門電影院前的長龍，常見黃牛出沒，甚至勞動警察取締。

禮貌、尊重、不喧譁、不亂丟垃圾，這些當然都是品格素養的基礎，也是目前教育體制中最見成效的一環。但是，好的品格應該往「格調」與「格局」深入。例如，自省能力、對抗誘惑的能力，這些不僅攸關個人修養，也是成為公民所需的素養。因此，我希望提出一些極具爭議性的議題，做為公民教育思辨的例子。

以反對核電為例，蘭嶼朋友反對核廢料儲存，是可以理解的，因為任何人都不希望核廢料放在我們的家園。蘭嶼人是非常懂得與自然相處的民族，他們白天工作，生活作息的地點是在俗稱的發呆亭，晚上則住在冬暖夏涼的地下屋，幾乎完全用不到太多的能源，偏偏我們選擇這個島嶼做為核廢料的屯積場。其實對於蘭嶼人更大的傷害，是電力公司為了籠絡居民，提供住宅用戶免電費，重度倚賴用電補助的結果，使得每戶用電度數是台灣一般平均的一．八倍，同樣享有回饋政策的恆春鎮也出現同樣浪費的現象。

深究其因，無限制免費用電的補助才是元凶，其實一般市井小民能用的電有限，但是無限制的免費用電，等於變相鼓勵投機，一些有經濟能力、利用免費機會從事商業行為的人，反而是最大的受惠者。反核應該是出自於愛護土地，愛護資源的真切情感，一面反核，一面利用情勢，無所節制浪費電力，我們是不是也落入言行不一與無法抵抗誘惑的矛盾？在核廢料問題移除前，我更希望看到的做法是，給予居民一定的用電上限，超過依然收費，至於收到的費用則可用在協助弱勢。而居民與產業也必須漸漸學習回到節約用電與自然共處的能力，如此當核廢料真正移除時，才不致於「因依賴而無法生存」。

公民素養形塑國家形象

十二年國教不應該再將焦點放在升學方法以及學力測驗上，更重要的思考是：我們希望培育怎樣的下一代？該放進哪些對他們人生以及台灣社會更重要的內容？言行一致、誠信、自省能力的品格素養，當然不能缺席。

「台灣最美好的風景是人」，這句話近年在華人世界廣為流傳。對香港、新加坡和中國大陸的朋友來說，相較於自然景觀的吸引力，到台灣旅行更核心的原因，可能是台灣是一個比較沒有壓迫感、也不商業化和富攻擊性的多元「生活」環境。而形塑這樣的空間氛圍環境的自然是人，以及台灣人習以為常的自我品格要求，包括排隊、禮讓博愛座、不亂丟垃圾、垃圾不落地、計程車司機送回失物、在公共場所不喧譁、尊重別人、樂於助人，甚至去示威抗議也井然有序。台灣人在公共場域上表現出來的品格素養，也會成為定義台灣的核心元素。

但是，除了表面看得到的素養，台灣要建立更好的文明社會、創造更專業的市場，我們更須追求裡外一致、心口如一這樣的社會共同紀律。這樣的價值觀必須從學生時代養成，也必須在進入社會之前就已經被充分教導，反覆提醒，成為行為的最高指導準則，這也是另一種品格教育。

延伸思考

正向面對考核機制

最近我有機會和某家航空公司的一位機師談話，他告訴我，德國航空業恪遵一個原則：每年按規定淘汰五％的機師。如果現有兩千名飛行員，一年就會淘汰一百人左右，用這樣嚴格的管理制度確保機師隨時保持在最佳狀態，以確保飛航安全。有人被淘汰是因為到達退休年齡，有人則是因紀律與健康出問題，無法通過審核標準。不只是航空業，在專業領域堅守高標準，不打折扣，是支持德國社會運作良好的重要機制，相信也是德國能在全球嚴峻的經濟局勢中，持續保持競爭力的關鍵因素之一。

真正永續的文明必須是一個全民有正義感、有默契，也有信賴感的社會。「淘汰」其實並不是一個好聽的正向字眼，它表達的是單方面掌握權力，做出單向的選擇。正確的觀念應該是雙向的，公司可以淘汰員工，員工當然也可以選擇公司。更精確的講法是，為了使組織達到最有效率的運作，讓工作夥伴找到最適合發展的天賦與長才，雙方都在探索、驗證對方是否為正確的對象，就像機器齒輪，必須完全契合，機器才能有效運轉。

因此，有任用制度，也應該建立合理的淘汰機制，讓體質更健康。但台灣，一年有多少公務員和老師循著正常體制被淘汰？理論上，淘汰能力不適任的老師，其實也是讓他及早重新思考自己的專長與未來，讓他及時調整人生目標與方向，同時也讓更優秀、更有熱忱的人才出頭。當學校擁有更多積極正向、文化理念一致的老師，才能教導出更好的學生；當公務員素質高、有見識、能做事，台灣才有更好的未來。

相反的，我也看到一些考不到正式教師資格的老師，用所有的愛心擁抱一份不確定的工作，到處學習新的教育方法，試圖為年輕一代找到更優異的學習模式，即使薪資不穩定，他們卻樂在其中，誨人無數。每次看到他們來信的分享，就感受到他們對於教育的熱忱，偏偏他們可能永遠是教育體制的邊緣人。

公務人員也一樣，擔任公職的先決條件必須是懷抱使命感，對國家社會的未來有參與感。公務人員掌握著國家最龐大的資源，必須有願景、有操守、有原則，還要有打不敗的熱忱。但是，在一個只求終身保障、擅長考試的人身上，很難找到這樣的熱忱。這些人如果在年輕時，就對自己的專長有正確的分析能力，或許可以在不同的領域找到真正的人生價值，對社會做出更大的貢獻。

再舉一個例子，台灣對於所有的職業，已經開始普遍發行證照。發行證照是非常進步的管理工具，但是，我們模仿了國際證照的概念，卻沒有善用它做為專業管理的方法。除了證照的種類內容往往太過鬆散、浮濫，甚至與產業需求脫節，主管機關核發證照後，是否有相應的監督管理，甚至淘汰機制？

我常在高速公路上看到砂石車、聯結車司機霸道行車，很多道路悲劇也源自於此。他們身上隨時帶著執照，證明自己有高超的駕駛技術，可惜的是，這些執照不是行車品格的保證。同樣地，我們經常看到路邊工地的怪手司機，嘴巴叼著香菸、不戴安全帽，腳上穿著夾腳拖，先不要說這種工作態度有多麼不敬業，在這麼危險的工作環境，隨時都可能發生狀況，包括空中掉下石塊，或是地面可能隨時坍塌。

再看台灣路上到處流竄著不遵守機車與汽車安全駕駛基本規定的駕駛人，例如轉彎前必須有足夠的前置時間打燈號，預告後面的車輛，但卻很少人養成這個好習慣，考上執照就算過關了。

在我過去數十年的主管經驗中，經常需要雇用外籍專業人士。在英美很多國家，應徵任何工作，reference check是很重要的審核標準，每一個人都必須將之前任職單位的資歷經驗以及主管姓名清楚標示，而人資主管也一定會打電話去應徵者原先的任職機構，禮貌地詢問過去的工作表現、工作態度等等，甚至會詢問：「如果他願意再回來任職，是否有意願重新任用？」如果對方只有一句「No Comment」，該人資主管必然心裡有數，知道求職者與原先公司並未「好聚好散」，可以進一步探詢原因。

這是一種社會的監督機制，也是一種品格教育，是在學校就必須養成的責任感。這樣的機制在最大程度內，確保每一個人在工作崗位上盡責、認真，不會留下爛攤子，不管角色與職位是大或小，任職時都必須盡力留下專業的名聲，否則等於斷了自己的前途。台灣一些私人企業，特別是外商體系，也有類似的reference check，只是認真執行者仍屬少數。但我認為，不僅是私人企業，即使是公務人員和教師考試，也應該設計reference check制度，將過去的工作表現查核，列入評分標準之一，因為熱忱與敬業態度，是無法只靠筆試與口試測驗出來的。

也許大家聽過一個故事，主角是來自亞洲的留學生，他在北歐某個國家留學六年，學業成績一直很好，很想畢業後留在當地找工作。由於來自比較辛苦的成長環境，他在留學階段能省則省，其中，昂貴的交通費就是他「能省則省」的方法，因為當地的巴士只要上車買票，下車並不查票，他往往買最便宜的車票，卻搭乘較遠的路程。好幾年過去了，留學生只被查過兩次票，最後補票了事，相較多年來所節省的交通費，補票金實在少之又少。這樣的「好方法」他也傳授其他新來的留學生。

「信任」精神是很多文明社會的運作機制。政府信任你會誠實使用交通工具、誠實納稅、誠實請領失業補助，然而，一旦被查出「不誠實」，犯規者必須付出很大的代價。一位朋友告訴我，巴黎的地鐵只需在搭車時刷卡或查票，出站時沒有驗票口。有一天，他在某個小站的出口，發現四位荷槍實彈的警察，大陣仗盤查每一個乘客，他以為在抓逃犯，原來只是查驗車票。而一抽檢，就不可能有任何漏網之魚。

這位「聰明」的亞洲留學生，畢業後有好成績，卻始終找不到一份好工作，不僅在某一國，甚至在整個歐盟國家都如此。因為他所應徵的企業只要上網一查，就能找到他過往逃票的資料，這是他身上的「不誠實」烙印。

不久前，一位台灣年輕女學生在部落格，大談她在歐洲各國逃票以及被抓補票的經驗，由於行文之間帶給讀者一些「逃票教學」的聯想空間，該文迅速引起許多人轉載、批判，認為她的行為做了最差的示範，也讓台灣人國際顏面盡失。她迅速撤下文章，並深切反省與公開道歉。從這個事件可以看出台灣社會對於公民素養，已有一定的共識。

一個社會要維繫公民素質，必須靠很多社會監督機制，平日隱而未現，卻踏實運作著。評鑑制度、淘汰制度、reference check機制，都是一種提升文明品質的社會監督力。

chapter

12

從華德福教育學習美學素養與創意啟發

教育如何培養未來需要的創意人才？這是我們無法迴避的大挑戰。學校老師教導的大多是「昨日的知識」，這是重要的基礎；來自產業界的老師，教導的則是產業目前需求的知識，訓練可以馬上投入業界的人才，這當然也不可或缺；但是，明日台灣需要的創意人才呢？不是只會回答標準答案、考試高分的人才，而是有創造性思考和有創業思維的人才，那要如何培養新世代人才？如何在教育體制內注入創意活力？

幾年前，為了籌備台東的均一中小學，我做了很多田野調查，實地參訪很多從不同教育理念出發的學校，最後，我找到了在宜蘭實行華德福教育的慈心中小學，它讓我看到台灣教育的新契機，看到非常重視美學藝術的全人教育，可以培養出非常有創造力和獨立思考能力的下一代。因此，思考十二年國教應該如何放入更多「美學素養」，我認為，華德福教育的經驗可以萃取出一些重要的元素，讓家長和老師們參考。

「玩」就是孩子的學習

華德福教育對於孩子的成長過程有非常透徹的了解，這個教育系統從幼兒園開始，就讓孩子在大自然裡生活、學習，直接接觸真實的世界，例如在沙坑裡玩沙、花園裡爬樹、盪鞦韆、溜滑梯。光是每天帶孩子去戶外散步，就是一種真切、扎實的教育。不管晴天或雨天，孩子們都必定戴上帽子或穿雨衣，一路上用心觀察。經年累月下來，他們自然而然的從四季不同的風景中，發現各種變化（例如，不同的季節會開出怎樣不同的花朵）；在不同的自然景觀中，察覺萬物各式各樣的顏色、大小、形狀、質地與結構，明白大自然有其規律，卻不會重複。雖然只是簡單的散步，卻能讓孩子全心融入大自然的活力與無窮的創意裡。

幼兒園孩子最大的學習力量，來自於模仿。但是，這樣的模仿，譬如畫花，不是透過電腦的ppt、影片或幻燈片，因為這些都是死的東西，顏色也不是真實的。當孩子接觸到真正的花朵，真實的互動才會發生，這時，孩子的模仿不是制式的模仿，或依樣畫葫蘆，而是能夠在心靈裡產生深刻的啟發，展開一個有無窮想像的空間。

所以，華德福教育不主張讓孩子太早接觸電腦、電視。《紐約時報》曾經報導一些在高科技產業工作的矽谷精英，紛紛將孩子送進「低科技」的華德福學校就讀，因為身處眾多高科技產業源頭的他們反而了解，智慧與創新的來源不是電腦。電腦是人發明的，只是工具，種種偉大的創意及想像力的來源，還是人本身。

因此，華德福教育把重點擺在「人」身上。他們給孩子很少的玩具，連娃娃也都是沒有五官的，因為這樣才能讓孩子盡情想像娃娃的長相，而不致侷限於眼前看到的樣貌。到華德福幼兒園去看孩子們玩耍，雖然教室裡沒有五花八門的玩具，可是孩子們每天都可以用同樣的課桌椅、積木、種子等，玩出各種不一樣的遊戲。今天用課桌椅擺出市集的攤位，拿種子當商品，模仿跟爸爸媽媽上菜市場時看到的買賣過程。明天，又用同樣的課桌椅擺出校車，你當司機、我當老師，其他小朋友當從不同地方上車的小孩，模仿每天上下學的場景。孩子自己的想像力，就是最好的玩具。在這樣的過程中，孩子發揮了創意，有主動的想像與參與，還有肢體的運動跟團體社交的學習。在華德福教育裡，童年是一段很重要的特殊時光，「玩」就是孩子的學習，不讓孩子玩，等同於剝奪他學習的機會。

讓孩子做自己

華德福的孩子可以不用急著長大。老師配合著孩子的發展歷程來設計課程，讓孩子順著自己的狀態，用自己的節奏長大。幾乎所有學習的發生，都是從孩子本身的發展開始。這一、兩年來，當我讓台東均一中小學引進華德福的教育方式，一、二年級的老師發現，孩子在課堂上更能夠進入狀況。童年是一生的基礎，我們長大以後，面對世界所需要的創造力、好奇心、傾聽能力、學習能力、思考能力，以及健康的身體，都需要在童年培養和得到滋養。所以，童年的時光，反而要讓孩子做他自己，學習他該學習的，而不需要急著讓他像個小大人。

就像最近很受大家喜愛的貓熊圓仔，電視新聞報導牠學習翻身的過程。圓仔翻不過去時，保育員不會去幫忙，因為牠躺在那裡，四隻腳動來動去，努力嘗試的時候，其實就是在訓練肌肉，鍛鍊身體的平衡與肌肉的力量，外力的幫忙等於扼殺牠的成長。

人類也是一樣，孩子在學走路時，跌跌撞撞的，倒下又爬起來，這不是失敗，而是必要的過程。這時，如果把孩子放在學步車裡，讓他兩隻腳靠輪子移動、使力，反而忽略了孩子身體各部位肌肉、脊椎或是平衡感。勉強走路，反而是揠苗助長，帶來反效果。

孩子的智力跟意識的成長發展也是同樣的道理。人類的世界日新月異，發展一日千里，孩子們長大之後，要面對的未知性與不確定性，遠非任何人所能預測及掌握。所以，身為教育者，不管是老師或父母，都要看得更深，不要只看到眼前孩子表面的狀況，而要走到孩子那一端，深入了解孩子的生命發展動力，配合這樣的學習及成長過程，才能真的協助孩子發現自我，啟發並培養自己的力量及世界觀，確認自己的生命任務，走出屬於他人生的康莊大道，對這世界產生貢獻。

培養孩子面對不確定未來的能力

我參與華德福教育，可以說是在尋找一個新的模式，設法創造現今教育體制的改革希望。科技發展正在淘汰現在許多人力工作，如高速公路的ETC系統已經取代了國道收費員。我們無法預知孩子未來將會面臨何種就業挑戰，就像許多人預言的，將來六〇%的工作尚未創造出來，因此，我需要做的事情，就是為孩子創造在瞬息萬變的環境中皆能生存的能力。

要擁有一個有自信、有涵養的未來，就要從新的教育模式出發。華德福學校的創始人施泰納（Rudolf Steiner, 1861-1925）曾說過：「我們最大的努力，應該放在培養出自由的人，讓他們為自己的人生，訂定目標與方向。」但我看重華德福教育的，更在於它鼓勵孩子去探索自己，讓天賦自由。它讓孩子在幼兒園該大量玩的時候，就盡情地玩，到了七到十四歲，進入培養「美」的階段，以大量的藝術課程，例如蜜蠟、編織、音樂、優律詩美、溼水彩、泥塑、木工、書法等，來滋養孩子的情感，也讓孩子在藝術性活動中探索自己。

這些藝術活動不只是興趣的培養。確實，在孩子年幼時培養藝術方面的愛好，能增進孩子的美感，也能讓孩子在長大之後遇到挫折時，有個可以抒發身心、療癒自己的興趣出口。但是，華德福教育還深刻地將藝術活動融入教與學，連在主課程中教數學，譬如記憶十二乘法表，都會讓孩子透過肢體的活動、有韻律節奏的念誦以及手工的編織，來進入數學的世界。

在藝術活動裡，孩子無法被動學習，一定要主動參與，而且是動員身心靈的參與。看華德福學校孩子的工作本，就是一個很令人讚歎的經驗。華德福學校沒有課本，上課時，老師要發揮創意與藝術能力，畫出美麗的黑板畫、編故事、念謠或是丟沙包等，運用各種可能的方式與媒材，將消化吸收過後的知識傳達給孩子，然後孩子再在工作本上，用繪畫及文字表達今天的學習成果，包括數學、歷史、地理等各種科目的學習，均是如此。

一個畫了六年工作本的孩子，在這段期間，不斷透過親手繪製工作本，將吸收到的不同學門知識表達出來。除了要培養認真傾聽及理解的能力，將老師傳授的知識吸收進來之外，還要鍛鍊自己的藝術能力，將這些學習「再創造」出來，這樣的過程包括了理解與吸收知識的能力、繪畫及書寫的能力、配色及版面比例的美感體會，同時，他還要運用意志力，自我要求在一定的時間內完成。

翻開孩子色彩豐富、注重美感的工作本，難道不會比考試出來的分數，更看得出孩子的學習成果嗎？我們習慣用分數來評量學習的成果，方便了學校的管理，卻簡化了整個學習的過程。試想，有哪份考卷考得出美感、責任感和感情的熱度？

在信任中實現自我

華德福學校的特色之一，也在於不強調競爭。唯有如此，才能讓孩子放心地用自己的節奏與步伐，有足夠的時間及空間，去發展自己的天賦。在一個不強調競爭的環境裡，孩子也能在童年階段，培養出對生命的愛心與正向態度，並學習彼此之間的關懷與合作。

有個朋友的孩子就讀於華德福學校，她的孩子不太會跳繩，往往跳個兩、三下就被繩子絆倒了。在升四年級象徵性的「升級考」中，全班的孩子一下一下幫他數著跳繩的次數，結果他跳出了五下，比以前進步，全班同學都為這件事高興得歡呼。

作家小野曾在《天下雜誌》發表過一篇文章，對於十二年國教將多元學習，如品德表現、體適能表現、志工表現、扶助弱勢表現、藝文活動表現等都列入計分，寫出他深刻的憂慮：「同儕之間為了爭取更好的多元學習分數，勾心鬥角，彼此不信任的情況將變本加厲，有能力和有權勢的家長，也必然投入這場分數爭奪戰，可以預見各種歪風和投機現象都會發生。教育的目的不就是希望透過教育，讓個人能摸索出自己未來的人生道路，讓個人所有好的潛能得到最好的發揮。也讓個人學習到互助、利他、誠實、社會關懷的基本公民素養。可是這一些良善的行為和表現都被納入升學的評比後，我們的教育不是助長了一種功利、造假、虛偽、重形式和表面，失去了完整人格的下一代嗎？」④回到教育的初衷、本心，這樣的發展是我們所樂見的嗎？

在華德福的「七年發展論」，十四到二十一歲進入了對「真」的探索。在九到十二年級，不管是在科學或是人文方面，學校老師會透過實際現象的觀

④ 資料來源：《天下雜誌》五二二期，二〇一三年五月。

察、討論，從整體到部分的概念，引導孩子培養精細的觀察力與獨立思考的能力。孩子過去在美學能力的培養，也會逐漸累積出孩子個人獨特的品味方式。當孩子的生命逐漸進入「準大人」階段時，面對現實挑戰的自覺性與主動性就格外重要。

華德福的學生在九年級與十二年級時，都要獨立做出一份專題報告。去年我曾參與過十二年級的畢業專題成果展，為期三天。第一天是靜態的書面資料展，孩子們各自發揮巧思設計攤位，並在自己的攤位上認真解說自己的作品。第二天與第三天，每個人則以二十分鐘的口頭報告，呈現專題精華，並與現場觀眾對話。

這些青少年的專題報告內容相當多元，包括文學創作、繪畫創作、陶藝創作、論文寫作、哲學思考、音樂演奏、歌劇演唱、行旅札記、志工經驗、環保省思、太極導引等。一位任教於大學的家長觀察，這些孩子的表達能力平均優於一般的大學新鮮人，不僅能暢談自己的作品，還能觸碰內心深處的課題（親情、友情、愛情、夢想等），對自己的生命歷程有清楚的覺知。

參與了那三天成果展的大人們，無不為這些青少年的表現深深感動，他們探索自己的勇氣與深度，不僅超越了許多大學生，甚至連成人都不見得做過像他們那樣深刻的自我認識，他們真的讓人看到，每一個生命都可能開出燦爛的花朵。

零差別的基礎教育

華德福教育創辦之始，是在第一次世界大戰結束之後的德國。當時德國境內遊行暴動頻仍、經濟崩潰、前途未卜。創辦人施泰納應邀向一座香菸工廠的工人演講，他在演講中提到一間不分社會背景，所有人都可以上的學校，打動了這些工人的心，產生強烈的盼望，演講完第二天就有人開始詢問，他們的孩子是否能進入這樣一間學校就讀。

天下父母心，期待孩子能受到有啟發性的優質教育，舉世皆然。當時施泰納告訴那些工人，這所學校必須建立在對人性的深刻認識上，而且重要的是，無論任何社會背景的人民都應該享有同樣的基礎教育。每個人無論將來會從事哪一種行業，都應有機會接受相同的通識教育，並且培養自主、有責任心的判斷能力。

當時，華德福學校可謂是德國第一所全民的一貫制學校，不管各種階級背景，甚至程度不同的孩子都在同一個地方學習。

這也是我期待中的教育環境，我們在台東均一中小學的實踐，出發點正是想要打破城鄉問題、貧富差距。讓孩子在不同的領域發揮自己的專長，各自找到自己的自信，也欣賞別人的優點，尤其當不同背景的同學互相扶持、合作，就能懂得尊重多元背景中的每一個同學。

在長期觀察、深入討論，以及將華德福教育的重要精神引進均一中小學的過程，讓我相信，十二年國教可以參照華德福的精神，注入美學與人文素養。因為，不論學生未來的職涯選擇是工程師、餐飲業、金融業、服務業，我們都期待，每一個人都能在自己不同的生命角色裡，放進更多的美感元素，活得更有創意。一個喜歡聽古典音樂的計程車司機，一個懂得欣賞雕塑、繪畫之美的工程師，一個能熱愛現代舞蹈的民意代表，一個能領略《紅樓夢》文學與政治美學的總統，不僅自己的生命更豐富，也是建構一個幸福社會的基礎。

延伸思考

一封來自家長的信

國立台北大學通識教育中心助理教授　王冠生

上星期五至星期天，我到宜蘭慈心華德福實驗中小學參觀十二年級（高三）畢業展。這是該校十二年級的重頭戲，三十一位同學每人需準備一個專題，做為高中三年學習成果的代表，同時也呈現十六至十八歲生命歷程中的光點。

展覽分成動、靜態兩部分，第一天為靜態的書面資料展，孩子們各自發揮巧思設計攤位，並在攤位前認真解說作品。第二天與第三天進行口頭報告，每人以二十分鐘呈現專題精華，並與現場觀眾對話。專題報告的內容相當多元，包括文學創作、繪畫創作、陶藝創作、論文寫作、哲學思考、音樂演奏、歌劇演唱、行旅札記、志工經驗、環保省思、太極導引……。尤其讓我印象深刻的是，這群孩子的表達能力平均優於一般大學新鮮人，絕大多數能夠暢談自己的作品。此外，不論以何種形式呈現，同學們總能夠觸碰內心深處的課題（親情、友情、愛情、夢想、價值……），對自己的生命歷程有清楚的覺知。我待滿三天，與二十幾位同學進行深度交談，並仔細欣賞他們的報告，聆聽過程中，不時潸然淚下，內心除了感動，還是感動，這些孩子的表現，讓我對「教育」有不一樣的體悟。

以我比較熟悉的哲學為例，有一位曾深受病痛所苦的孩子，報告尼采《查拉圖斯特拉如是說》對她的啟示。過去在患病期間，不僅讓她無法彈奏心愛的鋼琴，甚至已影響到行動自由。但是報告當天，她屏氣凝神、平舉雙手，走在舞台前緣，二十分鐘從舞台的一端走向另一端，伴隨穩健的步履，娓娓道來生命歷程的困頓與蛻變，並深刻闡述尼采的超人、自由、權力意志……等概念，為她生命所帶來的正面能量。那一刻，我看到一個孩子以旺盛的生命力實踐尼采「走鋼索的人」，她的生命融合了尼采筆下日神阿波羅的理性、酒神戴奧尼索斯的熱情、超人的意志力，這個報告比我教過任何大學生寫的關於尼采的報告都深刻，讓我熱淚盈眶。

此外，有個孩子力倡環保、愛護森林，因此創作一段歌頌森林的鋼琴四重奏，並請同學透過鋼琴、小提琴、大提琴、打擊樂合力演出，邀請與會來賓「林聽森音」，隨著旋律的起伏，我彷彿用聽覺理解了「西雅圖酋長的宣言」。有個孩子善於繪畫，每一幅畫都像是一篇篇情感濃烈的日記，也像是一張張自我剖析的病歷，她透過藝術檢視內心，呈現生命的悲喜。有個女孩想鍛鍊意志力，十六歲那年安排一次自我覺察的旅行，一個人靠雙腳走遍花東縱谷，雖然沒有「流浪者之歌」的深沉，但也完成了屬於她的「愛麗絲夢遊仙境」。有個孩子勤練太極拳，在行氣與律動之間，體驗小宇宙（自我）與大宇宙（世界）的連結，甩開生命中的陰暗，走向「理型界」的陽光，感受天地間的溫暖。有個孩子前往柬埔寨擔任國際志工，在物質匱乏的環境中貢獻心力，體會「助人為快樂之本」的真諦……。三十一個孩子，用三十一種方式追逐夢想，用三十一種方式探索生命，用三十一種方式覺察自我，也為我上了三十一堂精采的生命哲學課。

從華德福學校回家的路上，我不斷思索：我有幸教過最頂尖的理工科大學、卓越的醫學大學、綜合型大學，可是為什麼大多數學生對於自我生命的覺察，沒有這些高中生深刻？之前台北醫學大學人文社會科學院院長林從一教授指稱現在大學生像人形墓碑，上課沒反應，學習動力不足。其實，學生像人形墓碑，反映的不只是學習樣態的問題，而是生命樣態的問題。因為當一個人對自我生命覺察不夠清楚時，自然不易產生往前邁進的能量。而我們的教育，可能真的沒有好好引導孩子覺察生命歷程、檢視內在課題、探索終極價值、實現人生夢想，以至於無法活出具有深度的人生。

蘇格拉底說：「一個未經檢視的人生不值得活。」（A life is not worth living without examining.）但，這是多麼不容易的功課啊！華德福學校是一個國際性的教育社群，全世界超過一千所學校，以奧地利哲學家Rudolf Steiner的人智學（anthroposophy）為立校根基，此為一種植基於新柏拉圖主義（Neo-Platonism）、德國觀念論（German idealism）、歌德科學理論（Goethean science）的學說，其實踐場域涵蓋教育、農業、醫學、藝術、建築。在教育方面，就我粗淺的理解，華德福教育的宗旨不在於培育符合社會期待的精英，而在於培育能夠清楚認識自我、實現生命潛能的自由人（雖然其教育目標不在於養成精英，但也有不少精英畢業於華德福學校。例如現任挪威總理Jens Stoltenberg、今年諾貝爾生物醫學獎得主之一的Thomas C. Südhof，皆是華德福學校校友）。在這樣的底蘊下，華德福學校努力透過藝術、文學、科學、數學、哲學、農耕、建築……等課程，協助孩子認識自己、認識世界，陶煉孩子的理性、情感、意志力，這是一段從幼兒園到十二年級的漫長工程。因此，多數十二年級同學能夠有如此成熟自信的表現，並不意外。

華德福教育給我的啟示是：每一個生命都可能開出燦爛的花朵，但前提是要先覺察自己是何種特質的種子，並尋找適合的土壤落地生根。因此，引領孩子對生命進行深刻的覺察，應該是教育的核心工作之一。而我進一步的關懷是：如果一個資源有限的實驗中小學能夠實踐「覺知教育」，我們握有更多資源的大學院校，理應可以做得更好。此外，我也認為「覺知教育」不見得只能靠哲學、宗教、心理學課程才能進行，或許陪伴學生閱讀經典、服務學習、攀爬百岳、反思寫作……，都有可能進行深刻的自我覺察。總之，我非常感恩這三十一個孩子，他們的表現讓我對「教育」產生新的覺知與體察，也為我未來的教學工作，帶來巨大能量。

chapter 13

培養就業生存力，探索自我不嫌早

念完醫學院發現自己不想當醫生，想開咖啡館；出國拿法律碩士學位後，改學烘焙甜點；藥學研究所畢業的研究助理，立志報考清潔隊員；博士學分修完後，回故鄉創業賣雞排……。這些年輕人在所學和職業選擇路上跌跌撞撞的摸索故事，每一天，我們不但在媒體上讀到，更在生活中遇到。而年輕的你，也許就是徬徨其中的人。

該責怪他們浪費寶貴的教育資源與青春時光嗎？還是鼓勵他們當碰到真實人生、現實社會的嚴酷考驗，傾聽內在聲音，放下世俗眼光成見，從頭歸零，再追尋職涯？

「不知道自己想做什麼？」不是新鮮問題。每個世代要進入社會的年輕人，遲早都要自問：「我的能力和興趣是什麼？我想要做什麼工作？」然而，一代似乎比一代更「好命」、更「晚熟」，面對這個人生大哉問的時間愈拖愈晚。念完大學、甚至研究所之後，依舊茫然的人太多了。很難責怪年輕朋友浪費青春、浪費教育資源，因為在考試制度和父母期望之下，他們在最應該探索自我的國高中階段，花太多時間準備考試，被迫苦讀、死背一堆課程綱要內容，根本被關在教室和課本之中，哪有心力對內探索志向、對外了解社會與世界，然後產生連結，做好面對真實人生的準備呢？

這也難怪，最近看到一位台大學者的調查指出，高達三分之一的大一新生認為自己所選擇的科系不符合原來的期望；四分之一的學生想要轉系⑤。這個結果一點也不令人意外，我甚至懷疑可能不只有三分之一的學生，而且剩下的三分之二大學生真的了解自己所念科系的價值、意義？真能樂在學習嗎？

在戲劇中探索自我

我從體制外的宜蘭華德福學校發現，透過大量藝術課程與藝術活動，很多

⑤ 資料來源：國立台灣大學教學發展中心電子報No 73。

孩子能從實做中、從完成專案表演中，發掘並深耕興趣與能力，也讓爸爸媽媽有機會從旁觀察與輔助。

在宜蘭華德福人文學校，藝術課程的重要性和實際比重都不遜於國、英、數等傳統「學科」的學習，學生很早就動手實做音樂、美術、木工、縫紉等各式各樣的藝術課和手工課程。而到了中學以後，每一班、每一年學期末，全班同學要通力合作演出一齣戲劇節目，做為期末發表。從劇本的選擇、配樂、舞蹈、布景設計、戲服縫製，對外募款等等，所有的環節都由孩子們獨力完成。當我看到十幾歲的他們在舞台上自信優美、又唱又跳地演出百老匯歌舞劇「西城故事」，真的好感動。表演的成熟度非常高，而且每個細節都能掌握自如。然而，一場戲劇演出，磨練的豈止是藝術才能？透過劇本的練習，學生能藉此探索對文學語言的興趣；透過燈光布景、道具和戲服的完成，深入了解各種設計領域；透過排練、募款和行銷推廣，初步體驗行銷管理的重要性。此外，他們更學會處理「異見」、折衷協調、凝聚目標、進度掌控。每一年一齣新戲，都更進一步磨練他們這些能力。

這樣的「自我探索」，一點也不枯燥。孩子透過團隊分工完成一個重大專案，發現自己台上、台下想做什麼角色？做什麼最快樂、最有成就感？哪些能力要加強？哪些能力比別人出色？他們就這樣在其中互相學習、互補合作。

走出教室，探索自己與世界的關係

華德福在高二升高三的暑假，會要求每一個孩子必須實際到外面的工作場域實習三週，以探索個人與世界的關係，為他們進入社會做準備。當其他一般高中的學生正在為了升大學考試惡補時，他們把時間花在體驗真實的職場。我曾經引介幾位同學到餐飲業實習，「他們和一般的年輕人不一樣，很知道自己要學習的方向。」朋友這樣告訴我。

目前的公私立高中及高工職，慣常的做法是邀請各大學不同科系的教授、各領域的名人，利用朝會時間對全校同學演講，另外也有性向測驗，也有輔導老師，希望藉此幫助年輕人探索職涯，但這些做法往往流於表面，也無法讓每個孩子深入了解自己的興趣與能力，並進而探索可能的職涯選項。這方面像德國、瑞士等技職教育分流做得扎實的國家，已建立行之有年的性向輔導方法，很值得台灣參考。

你的能力在哪些方面特別突出？你最感興趣的又是哪些領域？你的興趣足以拿來發展職涯，或者只能當做嗜好？如果你已確定最想念的科系、最想學習的專業、心中最想走的那一條路，你應該朝哪些方向按部就班的努力？例如，是專業技能、語言能力、還是性格需要調整？又例如，你很喜歡音樂，但專業演奏能力並不特別出色，如果一定要走專業演奏，以目前國內外古典樂團的職位嚴重供過於求，會是辛苦，甚至不可能的未來。但其實學音樂有許多可能性，例如作曲、編曲、音樂老師、電影配樂、音樂治療師，甚至遊戲軟體音效。每一百個愛音樂的孩子，可能有一百種發展，需要一百種不同的能力培養和引導，不管是父母或教育體系，都應該更細膩的發掘孩子的天賦。

在英美等國，念大學研究所的高等教育學費非常昂貴，很多家庭必須從孩子一出生，就開始為他們儲蓄大學學費，很多年輕人也必須工作一、兩年，賺取學費和生活費後，再進入大學就讀。因為他們很清楚，高等教育的學習是要付出代價的，所以不敢輕易浪費大學生活。文化上，西方國家也很鼓勵年輕人趁早探索自我，很多年輕人為了更了解自己和世界，即使已經申請了大學，也會先暫停一年（即所謂的「Gap year」），去嘗試各種可能。

愈多資源愈茫然？

多年來，我得以接觸不同領域的年輕人，我發現能夠樂在工作、進步迅速的，無不擁有謙虛的心以及兢兢業業的學習精神，他們面對挑戰不輕易放棄的精神，讓我備受鼓舞。但同樣地，我也見過許多已經二十幾歲的年輕人，說話和行為舉止，仍然非常「稚氣」、「可愛」，他們生活中最重要的工具是手機，最重要的事情是來自社交媒體的關注。他們也許家庭環境普通，但成長過程享有父母的全力呵護，成熟得非常晚。往往愈心疼孩子、愈幫孩子設想未來、有愈多資源「幫助」孩子的父母，愈要有心理準備：也許孩子一輩子都會「找不到自己」、「不知道自己要什麼」。

最近，一位朋友告訴我，原本中南部很多奄奄一息的農村再現生機。因大量青壯人口外移，老農們無力下田耕作，許多農村凋敝、農田廢耕，但近幾年，出現愈來愈多有志於有機農業的「農青」，他們大多擁有大學或研究所的高學歷，擅長吸收資訊、運用網路，卻又能腳踏實地，將希望帶進農村。例如，一位台大園藝所畢業的青年，家住台灣頭的基隆，卻在畢業後到台灣尾的高雄旗山，租了一塊地，種起「無農藥番茄」，並且在網路上結合理念相同的「農青」，一起努力。起初家人擔心又不理解，但看到他的堅持與投入，現在全家族反而一起推廣有機番茄。

樂見投身有機農業的年輕朋友愈來愈多，台灣農業的翻轉起點，也許就在這裡。他們未來要面對的考驗當然很大，但愛其所學、勇於實踐的精神，太可貴了。台灣的未來，就在明確知道自己的方向、勇敢逐夢的年輕人身上。

chapter 14

是巴基斯坦，還是巴勒斯坦？培養關心世界的能力

不久前，一家電子媒體到不同大專院校做研究調查，其中一個問題是：「你知不知道以巴戰爭？」大多數人都知道，然而，再細問是哪兩個國家，令人意外的是，竟然大多數的學生都回答：「巴基斯坦」。台灣年輕人國際常識的匱乏，已成普遍現象。

巴基斯坦在南亞，與印度、阿富汗接壤；巴勒斯坦在中東約旦河西岸，西元前猶太人在此地區建立了希伯來王國，之後被羅馬帝國征服，多次鎮壓屠殺猶太人，導至猶太人流落世界各地。公元七世紀，阿拉伯人又戰勝羅馬帝國，接管巴勒斯坦，阿拉伯人不斷移入，成為該地區的主要居民。兩千多年來，猶太人一直夢想返回約旦河西岸重建祖國，終於在一九四八年英美支持下，得以獲得部分巴勒斯坦土地，建立了以色列，也因此爆發數次中東戰爭，許多巴勒斯坦人被迫流離各國，成為難民。之後，以巴衝突不斷，巴勒斯坦人要求返回家園，同樣建立了獨立國家。

以上我只是簡述中東問題，涉及的歷史、地理、宗教、文化衝突以及強權政治的介入，不僅是非常重要的國際常識，也非常有趣，顯然大學生們不感興趣。我一直在思考，台灣人到底有沒有國際觀？對世界感不感興趣？因為很多現象是互相衝突地存在。

台灣有上百台的媒體頻道，卻少見有台灣觀點的國際新聞，除非轉看CNN和BBC等英語系國家觀點的國際新聞。不論是埃及「茉莉花革命」後的發展、泰國近五年的政治紛亂、烏克蘭鎮壓民主示威，甚至是中國大陸習近平領導班子的施政軸心，我們的媒體都很少大篇幅深入分析報導，似乎只有明星緋聞和各國皇室八卦能搶占版面，「沒有收視率」當然是其中最主要的原因。

另一方面，台灣人非常喜歡到世界各地旅行，再遙遠的北歐、波羅的海三小國，伊朗、土耳其，甚至北韓，都看得到見多識廣的台灣遊客蹤影。我們的年輕人到北歐，到中東遊學，做交換學生，到了二〇一二年底，已有兩萬兩千多名年輕人留在澳洲進行工作假期⑥，大學畢業後嚮往到國外工作的年輕人也

⑥ 資料來源：駐澳大利亞代表處。

愈來愈多，每年到新加坡、澳門的年輕人就有好幾千人。

啟發學生思考，建立世界觀

這些看似相互矛盾的現象讓我思考：我們不是對世界不感興趣，只是傳統教育所教的歷史和地理，不論是教學內容，還是方法，都傾向於為考試服務，而不是啟發心智，開啟視野。長久下來，只要高中畢業，不必再考試，以前學的全部丟諸腦後，還給老師，對於國際事務的興趣當然也愈來愈狹隘。然而，關心世界的面向若不夠廣、不夠深入，如何建立台灣人自己的世界觀？如何培養下一代有能力參與國際經貿組織的談判人才？如何為企業養成到全世界開疆拓土的人才？

我不免想到美國前總統小布希派兵攻打伊拉克的事。二〇〇三年三月，即使全球有六十個國家、六百萬人遊行表示反對美國發動戰爭⑦，小布希仍然一意孤行，理由是伊拉克持有大規模殺傷性武器，以及海珊政權踐踏人權。期間雖然迅速拿下巴格達，讓遜尼派的海珊下台，然而，始終找不到任何大規模殺傷性武器，讓美國成為國際笑柄，之後的虐囚事件更是重創美軍形象。

不僅如此，伊拉克的形勢更是複雜和動亂，過去只占二〇％人口的遜尼派欺壓占多數人口的什葉派，美軍占領後支持什葉派掌政，換成他們欺壓遜尼派人民。不甘心失敗的遜尼派結合過去的軍政勢力，聯合基地恐怖份子，不斷襲擊美軍，更加劇了伊拉克的內亂。十年內，美軍在伊拉克死了四千多人，伊拉克人民也死傷無數。這場戰爭的荒謬與愚蠢，殆無疑義，美國付出代價之大，也讓歐巴馬決定於二〇一一年底撤出伊拉克。

許多中東戰事，不是美國造成，也不是美國可以防止的，但美國的介入對於局勢的發展、各種勢力的興衰有很大的關係。美國為了保護石油資源利益，

⑦ 資料來源：中時電子報，二〇一四年二月十五日。

也許不得不插手，但貿然介入一個根本不了解的文化，不僅讓各方都付出了很大的代價，也使得人民生靈塗炭。又如，現在伊朗和伊拉克的激烈對立，美國照理說在伊拉克支持什葉派，但又跟伊朗對立，在這中間創造了很多矛盾，畢竟介入任何一個勢力都會造成不平衡，使得屠殺愈來愈血腥。美國阻止了一個組織（海珊），造成兩邊（兩伊）都想搶占這個勢力。然而，歐巴馬只好在美國強大的民意下撤軍，貿然介入，又貿然離開，反而使得塔利班組織快速成長，回教極端勢力滲透全球。

生活即教材

假設我是中學老師，這是太好的教材了，誰說中東世界的紛擾與我們沒有關係？如果在課堂好好引導，可以讓同學研究分析：中東現在仍是個有石油供應支撐的社會，不同勢力搶奪資源，當石油耗竭後，沙漠裡的子民未來會如何？四、五十年後，也有人說更長，但現實是終有枯竭之日。然而，沒有石油的中東對世界會產生什麼影響？各個政治勢力之間的合作與戰爭，除了宗教因素外，還有哪些現實的利益因素考量？這對大部分的學生來說，既是國際政治教育，也可以從中看到不同勢力如何互相拉攏集結、厲害的少數如何鬥爭多數力量，以及趁機坐大的政治戰略。這是從十九世紀蘇俄共產黨崛起到現在，一直在發生的事情。要做一個有素養的公民，就一定要有基本常識、判斷能力，才能不被媒體操縱，活出自己。

一位朋友曾轉發一封語氣悲憤，主題為「在台灣人的眼中，只有台灣，沒有世界！」的短文，我不完全同意其看法，但作者的一些觀點仍值得我們反思，以下簡短摘錄如下：

台灣人，你每週花多少時間關心世界大事？
台灣人，你每週可以從電視上看到幾小時的世界新聞？

台灣人，你每個月可以從各方管道得到幾小時的世界脈動資訊？

仔細想想，幾乎家家戶戶都裝設第四台或者MOD的現在，你可曾看阿拉伯之春跟你有什麼關係？你認為埃及的事件關你什麼事？你覺得習近平上台後北京政府內的運作和鬥爭與你何干？你認為東南亞新興市場的發展、美國的經濟、歐洲的情況，這些跟你有著什麼直接或者間接的關聯？

台灣的確想要與世界接軌，一再地把自己的地位往亞太地區經貿戰略位置提升，一心想要取代香港或者新加坡，成為亞太營運中心，變成進入中國大陸的跳板。可笑的是，台灣人民關心的，跟台灣的國家發展目標計劃想走的方向，根本南轅北轍，完全是反方向的兩條沒有交集的平行線⑧！

有世界觀就不怕變動

我能理解此文作者必然愛深責切，語氣才會如此激憤，但我更能理解的是表面現象背後，必然有長久積累的原因，不從源頭解決，只要求媒體增加國際新聞篇幅，呼籲國人關心世界局勢，無異是緣木求魚，收視率仍將主導國際新聞的質與量。而源頭當然還是在教育的內涵出問題，歷史、地理、公民這些原本環環相扣的內容，硬被切割化、片段化，裝進一本本課本裡。除非碰到很能融會貫通，擅長引導教學的老師，學生實在很難真正的理解與培養出興趣。因此，我才一再強調，十二年國教要刪掉的教學內容是填塞式資料，要努力增加的是思考、理解和判斷的方式，唯有幫助學生吸收國際常識，了解多元文化，才可能慢慢建立起世界觀。而且，唯有從小建立深厚的世界觀，媒體工作者才有能力製作出有趣、有觀點、能吸引觀眾的國際報導，觀眾才能不被八卦新聞吸睛，願意從媒體吸收知識。

台灣未來絕對需要有能力關心世界的新生代。一位朋友的孩子，在科技業的品牌大廠工作，因為除了競爭激烈的中國市場，東亞和南亞的新興國家，如

⑧ 文章來源：艾瑞克周的網誌。http://blog.udn.com/shommboy/817255

印度、印尼、越南和馬來西亞，也成為近年主攻的市場，於是特別外派一批大學和研究所剛畢業的年輕人長期進駐，遠征的腳步甚至到了杜拜等中東國家，連非洲也開始設點。這是太好的戰略，聽說這些年輕生力軍在派駐後，為了更了解當地的文化、行銷策略，不僅紛紛開始學習印度語、馬來話，甚至主動了解回教文化。我也看到報導，為了分散風險，有科技大廠打算將製造工廠部分轉移到印尼設生產線。我相信，管理信仰回教的印尼員工，和管理中國貧村的農民工，也應該要以不同的文化理解，因地制宜。

認識國際，關心世界，我們就能更有信心地跨大步，走出去。

第四部

我的偏鄉教改大夢

人生在世，意義何在？最幸福的是什麼？走至此刻，我能肯定，和一群志同道合的夥伴，捲起袖子，親身踐履夢想，共同為偏鄉弱勢的下一代做一點事，是生命賜與的最大祝福。

多年來，親臨花東現場的第一線，所有夥伴都體認到，若偏鄉教育品質無法獲得正本清源的改善，再多捐款與愛心都不能解決問題，再多資源都將事倍功半。我們最關心的兩個議題：弱勢偏鄉的翻身機制以及讓台灣教育走向主動學習、發展天賦的創意思維，若不能在真實的教育場域付諸實踐，終將流為空談，無法漸次修正，進而對外延伸、擴展。

因此，我們在太平洋的台東海岸，以均一中小學和四所技職學校為核心，開展了沉重又美麗的教育大夢。每一天，我都見證到，許多具備專業技能的天使，正以無比動人的付出與投入，為台東的年輕孩子，開啟不一樣的視野。偏鄉教育的改革火光，雖微弱，卻已點燃。

chapter 15

一個沉重又美麗的夢想：均一中小學的實驗與實踐

多年來，我一直關心著花東的發展。

往返台十一線的路上，廣闊的太平洋映照綿延的海岸山脈，非常壯麗。但最觸動我的，不是這裡渾然天成的美景，而是那些偶然相遇的孩子。

他們大多是原住民，有著深邃的五官，以及明亮清澈的眼神，更特別的是，他們多半有藝術及音樂的天賦。我總是想，只要有機會讓良師琢磨，他們就可能是下一個張惠妹，下一個拉黑子。即使將來不以此為職業，至少，在他們的成長過程中，藝術和音樂可以成為自信的來源，伴隨他們邁向不確定的未來。

只是，在現有的教育體制下，生長在偏鄉的孩子，能分配到的正常教學資源，遠少於都會區。光以師資招聘來說，台東的英語專業師資就十分短缺。全縣九十二所小學，只有五十八位英語教師，其中五十六位還是一年一聘的代理老師或領鐘點費的代課教師！再加上少子化的影響，學校幾乎無法提供正式職缺，更讓這些英語教師只要有機會就往都會區流動。

連教育部規定的制式學習課程，都面臨如此窘境，更讓我深深明白，偏鄉學校勢必難有餘力，發展出適合當地學生天賦的教學概念。

與均一中小學結緣

在醞釀出版《教育應該不一樣》的那段時間，我經常到國內外各種特色學校「田野調查」。我曾經籌思，利用已廢校的東河鄉隆昌國小，打造一間「藝術及英語魔法學校」，邀請在地優秀的藝術家、英語教師長期駐校，讓全台東的五、六年級學生可以到這所學校參學一週，補充他們平常缺少的教育資源。

然而，這種短打型的體驗學習，雖然可以比較廣泛地觸及更多偏鄉學子，但終究無法更深刻地產生翻轉式的改變。於是，公益平台文化基金會一方面持續在每年暑假，舉辦「花東青少年藝術創作營」與「花東青少年英語生活營」，讓藝術的種子和英語能力，可以更快地融入花東小朋友的生活經驗中；

另一方面，我也開始思考，如何搭配一個可以永續深耕的國際教育學程，讓幼苗的成長能夠更具競爭力。

第一年短期營隊果然大受孩子們歡迎！到了第二年，為了讓小朋友及志工們有一個更好的活動空間，我們移師到台東「均一中小學」，並得到該校師長們的全力支持。我也是這時才發現，這所優質的學校，原來是由佛光山星雲大師於二〇〇八年所興辦。「均一」不但擁有近乎完整的硬體建設，甚至也有尚稱舒適的住校設施，但最大的困難就是因地處偏鄉，招生不易。

此外，私立學校缺乏公立學校的退休保障機制，除非能夠找到有使命感、理念相同的老師，否則辛苦招聘來的老師多半都把私校當做暫時的跳板，一旦考上公立學校的職缺，就會立刻離開。這樣的現象使得偏鄉經營私校的窘境更是雪上加霜。但是這些問題對我來說，反而讓我看到一個改變偏鄉教育的契機。

在限制裡看到機會

若從現實角度來看，台東幅員廣大、人口稀少，偏鄉孩子注定要在一個非常狹隘的環境學習成長，除非家庭經濟寬裕，否則他們別無選擇，只能接受自己無奈的宿命。

不過，這些現象卻給了我另一個想像的可能，如果我能利用這個既有的硬體建設平台，感動一群志工老師，同時影響一些國際的專業人才進入偏鄉，以「均一」做為舞台，讓偏鄉那些對自己有期待、有夢想，卻苦無機會的孩子找到一條出路，那將是一件多麼有意義的事情！

於是，我大膽地求見星雲大師，告訴他我希望利用均一中小學，打造成一個「均等、一流」的國際實驗學校，一方面讓偏鄉孩子擁有能夠走向世界的國際競爭力，另一方面建立對土地與文化的認同，並能夠在自己的家鄉生存。沒想到大師非常慈悲，也回答這真是他希望做到而無法完成的夢想，當場就同意將學校無條件交由基金會及我本人接手。

大師強調，所有的產業都是眾生擁有，只要有人能夠做得更好，他永遠樂觀其成。最後他還叮嚀，這些原住民孩子大多屬於各種不同宗教，倘使必須要改名或做其他必要調整，完全交由我全權決定。大師這席話，再度讓我見證到了一位宗教大師的寬廣胸懷。

在回家的路上，我的內心澎湃不已。因為我接下的是如此沉重的期待，又是如此美麗的夢想；接下了均一的硬體設施，同時也接下了台灣教育偏鄉改革的重任，當然，更包括了獨立經營與募款的千斤重擔！

打造「均一」的初心

我經常思考著台灣的發展，尤其關心年輕人，擔心他們的未來，更憂心這個社會如何永續。畢竟以台灣的先天條件，我們所憑藉的絕不是好大喜功的堂皇建築，更不是舉債支應的社會福利，而應該是透過教育所涓滴累積的文化軟實力。

在《教育應該不一樣》裡，我盡訴了台灣教育所面臨的窘境，無論是對政府、學校、家長都多有建言，但最終歸納出來的，還是不出兩個我最關心的議題，一是弱勢偏鄉的翻身機制，另外一個是讓台灣走向主動學習的創意思維，與發展天賦的新教育理念。

公益平台文化基金會成立的時間尚短，無論是人力、資源、經驗都仍顯不足。光是每年的例行性推廣活動，就已讓現有團隊分身乏術，要再參與一個中小學的營運，的確令人躊躇再三。但也因為親臨花東的各個角落，所有夥伴都體認到，許多問題的癥結，最終都源自於「教育」。若偏鄉教育問題無法獲得正本清源的改善，縱使投入再多的心力，也是事倍功半。

經過反覆驗證，答案愈來愈清晰。於是，我鼓起勇氣，接下均一中小學董事長的職務，希望能打造一所連結花東在地優勢，注重「藝術人文」與「自然生態」的學校；更希望這裡所培養出來的學生，都能兼具國際雙語能力和良善的生活品格，成為有自信的未來人才。

同時，我們也決定由公益平台文化基金會發起「偏鄉教育種籽培育計畫」，每年至少保留三分之一的新生入學名額，由基金會負責募款，提供全額獎助學金，資助花東地區具有天賦及學習潛力、卻因經濟上的弱勢無法受到更好教育的孩子，進入均一中小學就讀，為他們打開另一扇機會之窗。

偏鄉教育改革大夢就從均一開始

接任均一中小學董事長後，我們的團隊利用一〇一學年度下學期開學的時間，開始在整個花東的偏鄉小學「巡講」，一天來回百餘公里，一個學校接著一個學校地去拜訪。

我們當面向老師們說明「均一中小學」的辦學新方向，更詳細講解「偏鄉教育種籽培育計畫」，希望老師們能協助推薦學校裡即將畢業的小六學生到均一中小學就讀七年級。只要孩子具備天賦或學習潛力，即使家中經濟無法負擔，公益平台將會負責就讀期間的全額學費和住宿。

在巡迴說明的過程中，夥伴們更深入了解偏鄉學生所面臨的困境，不只是物質資源的匱乏，不少孩子來自功能不完整的家庭，或是隔代教養和單親，許多小小心靈，不只要分擔家務，更承擔了來自大人世界的諸多壓力。

在均一中學，我們為每個七年級以上的學生準備好宿舍，住家不在台東市區的孩子可以選擇住宿。至於偏鄉弱勢孩子的食宿費用，則由公益平台文化基金會負責。

這些十三、四歲的孩子，即使有一顆青春期叛逆的心，對家人仍有說不出口的掛念；而就算學校有再多輔導老師、宿舍生活老師，都無法替代親人的角色。我能想到的，就是找更多的志工伴護他們，成為他們成長中可以信賴、依靠的「長者」。其中最合適的，就是已經退休、但仍充滿教學熱情的老師，他們不僅可以補足正規教學的不足，更可留宿陪伴、分享經驗，成為均一教師和學生們最佳的守護天使。

因緣巧合，正當我在思考這件事情時，剛好與人在美國史丹佛大學擔任終身教授、同時也是中研院院士的孟懷縈教授聯繫上。北一女畢業的她，給了我北一女退休校長陳富貴女士的電話。

正巧，陳富貴校長還在任時，我曾應她之邀去北一女演講，因此我主動打電話給陳校長，自我介紹。所幸我的聲音有些許識別度，富貴校長非常有耐心地聽完我的提議，電話還沒結束，她就應允擔任均一中小學的志工老師總召集人。更令人驚喜的是，曾任職北一女、中山女中及景美女中、在教育界服務超過四十年的富貴校長身後，還有一群和她一樣未曾忘懷教育使命的老師們。

陳校長是一位非常有經驗的教育管理工作者，年過七十的她，行動力和執行力依然敏捷。她在第一時間就邀請了四年前從台北中正高中退休的劉正鳴校長，一同到台東均一中小學現場，了解學校的運作現況。

隨後，這兩位校長共同招募到三十多位優秀的退休老師，分別來自台北、新竹、台南、高雄及屏東等地，具備高中、國中、國小的教學經驗。在公益平台文化基金會的安排下，他們先到花東進行了一次慢遊。

三天兩夜的旅程中，老師們不只倘佯在風光明媚的大自然美景裡，體驗豐富的原住民文化，也更深入了解到台東和偏鄉教育現場所面臨的困境。對這一群在教育界「身經百戰」的老師們來說，一股「重出江湖」的英氣頓時油然而生。當慢遊團到了最後一站——參訪均一中小學時，我趁機向所有退休老師做了一場演講，題目是：「不信師心喚不回」！

是的，這些老師在年輕時投入教育，在當時充滿商業氣息的大環境，他們多半懷抱著為國作育英才的使命感，我的衷心呼喚顯然引發這些老師的共鳴。這三十多位老師當場承諾，自二〇一二年九月開始，分組駐校服務，擔任均一中小學的志工老師。

均一的守護天使團

然而，在我預期之外的是，這些志工老師不只是孩子們的老師而已，更是我的老師。

退休前來均一的志工老師們都有一些共同點。他們雖然都還在黃金歲月，但大多上有高堂需奉養，下有兒孫需照顧，家人的感受和需要，是必須事先溝通和安頓的。加上台東的地理位置，遠距的交通往返、日夜陪伴學生，對於個人體力和健康，都是極大的挑戰。

但是，這群教學和行政經驗豐富的志工老師，很快就組成一支精實的工作團隊，極有效率地開始分工，各司其職。志工老師不分親疏，自動依據專業分成五組。每組六人，各輪值一週，以求涵蓋英文、數學、輔導、史地、人文閱讀等「包山包海」的各個面向，成為對應正職老師分工的後援團隊，而二十多位機動組志工，也可以隨時配合人力調度。

志工老師只要是駐校服務期間，都有嚴謹的班表和科目分工，並固定舉行志工老師晨會。任何一項和學生有關的任務，他們都一絲不苟地規劃、完成。他們完整記錄每位學生的學習狀況，隨時回報給正職教學團隊，讓教學團隊和志工團隊對均一學生的照顧，盡可能做到無縫銜接。

志工老師團總召集人陳富貴校長，在其中扮演了運籌帷幄的角色。她不只協調志工老師團的人力，搭建各組之間的橫向聯繫，更與學校行政及教學團隊保持順暢的溝通，均一中小學才有一個向心力如此凝聚的志工團隊。

堪稱最年輕的退休校長劉正鳴，也因為「均一」而有了新的人生轉折。他和夫人徐慕蓮老師本來有更多心力可回屏東探望年邁父親，並繼續他們最熱愛的花東海岸與環島自行車之旅，但當富貴校長的一通電話響起，夫妻倆統統成為均一的志工老師，分進合擊地參與不同組別的工作。

劉正鳴校長甚至同意擔任副團長，襄助團隊運作。後來，均一中小學校長出缺，一時無法找到適合的接任人選，即使這並不在劉校長原本的人生規劃中，在經過長期的遊說與請託，他終於勉強應允，在均一找到合適的夥伴前，

「暫時復出」，肩負起志工校長的責任，全職、全責，但不支薪，只支領交通住宿費用。雖然劉校長聲稱是志工校長，但是他卻抱著出家剃度的精神，全力以赴，一個學期才剛過，我們就已經看到均一中小學激發起新的活力。

渡人也渡己

要贏得孩子的信任，的確不太容易；要孩子願意依靠，志工老師必須先伸出手來。

數學通常是在學習上最容易遇到瓶頸的學科。「只要你願意問十次，我就樂意為你講解十二次，」志工老師王建江堅定的說。曾任台北市中山女中圖書館主任、景美女中教務主任的他，總是耐心陪伴，讓一些原先數學成就較低的孩子，終於勇於主動發問。

若發現某些主題門檻太高，他就設計幾個台階，協助孩子一階一階地跨上去。甚至在新學期開學時，數學老師尚未到任，他特別承擔七年級兩個班級的數學老師職責，每週十節課，每天為國中新生設計教材、作業、教學、批改作業和評量，長達一個月之久。

在建江老師的認知裡，教育是一種「渡人渡己」的志業，退休後被學生需要，更讓他全力以赴。只要在台東，他每天一早就騎自行車到台東活水湖晨泳或是鯉魚山爬山，維持良好體能，以陪伴每個精力旺盛的孩子。

至於在均一擔任國文老師的楊台山，更是多年來串起的緣分。任職桃園中壢高中的他，和學生們曾鍥而不捨地邀約我到學校演講，中間的往返過程長達兩年。這期間悉心的來信問候與用心的心得報告，終於讓我答應邀約，也讓我對這位高中老師及其經營班級的方法，留下深刻的印象。

曾受教於台山老師的一個學生後來寫了一封信給我，信中提到台山老師因為健康因素已從學校退休，他期待我能寫信鼓勵病中的老師。在學生的字裡行間，我看到一位老師的真誠付出，終能得到學生真心的尊敬與關懷。因此，我提筆寫信給台山老師，再度開啟了我和他的聯繫。

台山老師在一次信中告訴我，他的健康已經漸漸恢復，就像冥冥中自有安排似的，那時均一中小學的國中國文老師正好出缺，我打了個電話給台山老師，試探性地詢問他是否有可能來協助一段時間，沒想到他一口答應，不僅全力投入，更成為均一中小學第一位不支薪的全職義工老師。

「只要我做得到，請盡量交辦！」台山老師只要有機會，就對每個夥伴這樣說，而且，說到做到。台山老師現在更本著志工精神，主動參與籌辦高中部，擔任六年一貫的教學領域總召集人。現在擔任中學部的副校長，進一步協助劉校長讓學校融入翻轉教室的實驗平台。

愛，讓孩子永不自棄

均一中小學的志工老師們，年紀皆已過半百。許多人在年輕時之所以選擇教職，和當時台灣整體經濟環境貧乏有關，能夠考上當時的師專或師範大學，分數可能都不亞於第一志願。他們自己是經歷「教育翻轉人生」的一代，對於偏鄉孩子所處的困境，更多了一份同理心。因此，不只是在學科上的協助，這些志工老師們也常常是學生們生活上、心理上的依靠。

就像羅錦財、游碧理這一對志工老師夫妻檔，常常自願擔任假日留宿的志工老師，陪伴那些假日無法回家的學生。他們會到市場買菜，自己做家常菜，和學生一起用餐，或者是一起準備材料、動手包水餃，讓孩子能夠感受到如家人般的溫暖。

北一女退休歷史老師沈育美，則常常和學生們分享優美的詩詞，讓為賦新詞強說愁的青春期女孩們，有抒發的出口。她豐富的教學經驗，也讓許多年輕老師主動找她傾訴教學壓力，或邀請她一起關心需要特別關懷的學生。

而原來定居美國西雅圖、人稱「老爹」的童軍界前輩張政漢先生，在生活上更成了學生的標竿。每天五點，他就帶著喜歡運動的小朋友跑步，接著準時在門口迎接通學的學生。到了下午，他又是運動場上的啦啦隊長。他運用自己在童軍界的影響力，在均一成立童軍團。

彌補城鄉落差

志工老師們在剛開始輔導時，曾驚訝地發現，少部分學生連該具備的基礎概念都沒有，導致整體學習效果落後；但他們更欣喜地發現，只要有多一點時間陪伴孩子學習，給他們信心，每個學生都有能力突破關卡，在學習的路上往前再跨一步。孩子們所展現永不放棄的鬥志，是志工老師們最大的感動和成就。

有太多實證顯示，台灣社會資源分配不均造成城鄉受教機會的不平等。近十年來，包括教育部所推動的許多計畫，以及永齡教育基金會、博幼基金會等民間單位，都長期投入弱勢學生課後輔導工作，令人敬佩。但所有的關鍵，應該是讓孩子找到學習動機、找到天賦與自信，甚至找到能夠超前的能力，千萬不能讓他們還沒有開始就先放棄自己。

均一中小學規模不大，資源也有限，但我們仍相信，唯有先教育出有自信、富學習熱情、能獨立思考、具國際觀、懂得尊重自然、了解土地與人的關係，並能欣賞多元文化的台灣未來人才，偏鄉教育的弱勢現況才有機會改變。

要趕上，更要超前

除了志工老師的投入，我們最終要面對的，還是台灣必須正視的教育改革大方向。

為了逆轉偏鄉人才向城市集中的宿命，我決定將均一做為第一個從偏鄉直接走向國際的實驗中學。

二〇一二年，在我從國內到國外四處探訪典範學校的過程中，意外地發現了宜蘭的慈心華德福中小學。在那裡，我看到了一群有理想、有抱負、有愛心的教育工作者，也看到了投注三十年光陰在教育園地耕耘的創辦人張純淑女士。我除了讚嘆他們的教學理念，更看到他們經過時間淬鍊、共同營造的校園文化。我相信，教育改革就是要能吸納好的資源，不必一切都靠自己探索，畢竟孩子的機會不能等。二〇一三年，我在張純淑女士及上一屆董事長蔣醫師的力邀下，決定擔任慈心華德福中小學基金會的董事長，因為我相信，團結力量才會大！

接任董事長的同時，我也邀請我的三位公益夥伴一起加入，包括均一教育平台的主導人方新舟先生、緯創人文基金會董事長林憲銘先生，以及前北一女校長陳富貴女士。因為我知道我無法光憑一己之力完成這個使命，而他們每一個人都有其代表的象徵意義，我必須借重他們在各自領域的專長。

方新舟先生代表的是華語線上學習及翻轉教育的重要工具與運用資源，憲銘兄更是在我接手華德福以前就是該校的支持者，而陳富貴校長代表的是台灣豐厚的退休教師資源。整合了這麼多有經驗的夥伴，我才正式開始進行台灣教育改革的探索之路。我從學習中了解到，慈心華德福是由宜蘭縣政府依公辦民營的方式，委託人智學基金會辦理的實驗學校。它為台灣，也為宜蘭做了最出色的示範。

慈心華德福不只打破了人才及錢財流向城市的偏鄉宿命，每年招生名額更是供不應求。單是去年，候補的家庭就超過三百戶，這為比宜蘭更偏僻的台東，找到了一個改變的契機。

尤其，華德福不扼殺天賦的教學理念及校園文化，正吻合未來創意教學的世界新趨勢，於是我在規劃中的台東均一國際實驗中學，也加入了華德福的教育元素，希望借重它的校園文化做為改革的重要主幹之一。除此之外，我還期望仰仗均一本身擁有的住宿條件，再導入國際化的教學理念，最終能夠真正達到翻轉偏鄉教育的夢想。

現在，均一中小學的小學部已經導入華德福教育的實驗。我盼望未來在國中階段，能夠比照華德福的精神，著重於協助同學探索各自的天賦與可能發展的專長，到了高中則有既能與國際接軌、又能夠在國內升學或就業的多元選擇。

從根本結構改變

改革的列車已然啟動，雖然明知這過程中將充滿挑戰，但是想到偏鄉學子的未來，想到台灣青年未來的競爭與生存之路，縱有再多的困難與辛苦，我都要勇往直前。我衷心期盼，有更多夥伴能夠加入這條從根本結構改變台灣未來命運的教育之路，因為，教育應該不一樣！

在決定接手均一中小學的重擔之前，我要特別感謝星雲大師、慈惠法師及所有的信眾，是你們造就了這個學校的基礎，也是你們的大度，讓我使偏鄉孩子的夢想得以快速地找到可以施展的舞台。我同時要感謝過去到現在均一的校長與同仁老師們，感謝你們接受變革中的探索與挑戰。我更要感謝所有來自各方的志工老師，你們為全台灣的退休老師做出了最棒的示範。當然，我還要感謝公益平台、均一的董事以及我親愛的夥伴們，你們每一位都是我的翼下之風，沒有你們的支撐，我無法整合出這麼多的資源，你們是最棒的導師。

chapter 16

伴護他們最後一哩路：偏鄉技職教育改革的火光

一位朋友自柬埔寨旅行歸來後，告訴我一對瑞士夫妻在柬埔寨尋找到生命意義的故事。

柬埔寨是亞洲目前相對貧窮的國度，來自全世界的志工絡繹不絕，這對夫妻原是瑞士富足的中產階級，到柬埔寨從事志工旅行後，發現當地很多父母之所以不讓孩子上學，是因為就算畢了業也找不到工作，乾脆早早留在家裡務農。

於是，他們變賣家產，在柬埔寨開起訓練餐廳，幫助當地青少年離開學校後，有機會學習廚藝與前台服務技能，待他們學會一技之長，就可以出去創業。這家餐廳如今以美味和專業服務一位難求。這對夫妻總是笑咪咪地對訪客說：「The meaning of life is to give life meaning.（生命的意義在於賦予生命意義）。」

我告訴朋友，我何其有幸，在台東的每一天，都見證到類似這樣給予自己與年輕孩子生命意義的真實故事。許多天使，正以無比動人的付出與投入，為台東的年輕孩子，開啟不一樣的視野。而台灣技職教育的改革火光，就隱藏在這些天使一天天的努力之中。

如同我長期呼籲的，偏鄉教育的困境不僅是就學機會與師資的不足，更有就業機會匱乏的難題。孩子們高中畢業，往往從台東街頭走到街尾，找不到一份正職，只好離開家鄉，進入西部的都會，在茫茫人海中尋找未來的生計。

要解決這個根本問題，不能只靠捐款與一時的愛心，只有專業者願意無私投入技能與時間，才能為偏鄉孩子的未來創造希望。因此，這兩年，公益平台在花東的工作重點，從在地產業輔導轉向職業教育的培訓伴護與記錄。我們分別與成功商水、公東高工、育仁中學、台東體中等四所技職學校合作，先在各校選出特定班級，進行不同計畫。包括為公東高工機械加工科技能輔導班進行一週三天的輔助教學，為成功商水和育仁中學觀光科系設計「民宿管家」學程，以及在台東體中開設「第二專長計畫」。

讓專業者直接進入技職教育現場

這些培訓伴護計畫的參與者，包括高雄餐旅大學的蘇國垚老師、卓嶽設計的詹銀河（Neil）董事長、曾參與一〇一大樓建築的楊恆立建築師，以及本身就是阿美族人的瘋馬旅行社總經理李文瑞，與其他幾位有旅遊、運動專業的朋友。

單看這些「天使們」的資歷，也許會讓人覺得已在各領域享有專業盛名的大朋友，跳下來教導十六、七歲的毛頭孩子，未免太「大材小用」。然而，透過一堂堂課程、一回回實際示範實做，我逐漸看到，教育品質的城鄉差距與技職教育的產學脫節困境，正往前邁進了一小步。

就先說詹銀河董事長和公東高工機械加工科技能輔導班十七位同學的故事吧。

大家都習慣稱呼詹先生為Neil，擁有多重身分的他，是創業有成的工業設計大師。他在台灣擁有設計團隊，在泰國生產製造ＬＥＤ燈具、辦公家具、電器用品等高品質生活用品。事業有成後，他被台東的自然質樸吸引，買了一塊地，蓋了一棟美麗的特色民宿——「椰子海岸」。他甚至考取船長執照，買了艘漁船，一週兩、三天回台北處理業務，其他時間都在台東過著出海釣魚的悠閒日子。

然而，一場餐敘讓Neil「暫停」了台東的天堂生活，變成忙碌又操心的「詹老師」。那時，我一直思考，除了從西部及台北尋找資源到花東之外，是否能拉進更多當地的人才做點事情？我想到，近年花東有很多「新移民」，他們來自各個專業領域，很多人提早退休，到花東開啟「第二人生」，他們也許會是最好的專業資源！

餐會中，我和Neil以及楊恆立建築師聊起，台東的技職學校學生需要有人帶領，開闊他們的視野。Neil表示，他願意到機械科教導工業設計，從此，半退休的詹董事長化身為無事不管的「詹老師」。即使寒風再冷冽，他都照常八點出現在公東高工的教室裡，陪伴孩子學習英文以及實際操作機器。

公東高工機械加工科技能輔導班的十七個大男孩，半數以上是原住民。學習方面傾向「操作型」學習，苦讀課本並不是他們擅長或感興趣的方式。Neil一開始就設定目標，設計一張評分表格：品格四〇%，專業技能、技術四〇%，英文則占二〇%。Neil告訴所有同學，只要認真學習，畢業後他一定可以幫助他們找到工作，這一份評分表就是要給他們未來老闆看的「成績單」。

Neil不但自己投入，也經由合作夥伴介紹一位目前定居台東、曾在台北經營鋼模工廠的王豐瑜老師，一起組成專業技術授課團隊。當他發現，同學的英文程度極需加強，更發動他自己的人脈，找到外籍英文老師投入教學。為了讓同學熟練操作目前產業界實際運用的機具設備，他找到好友毅嘉科技黃秋永董事長，捐贈了一批大型機具，設立切割中心（包括CNC、微細孔放電加工機、研磨機等），而我們基金會的大天使明門實業鄭欽明董事長，也捐贈了各種必要的實用模具。

先讓孩子看見未來

學期一開始，Neil先安排兩天一夜的「工廠參訪」，帶這群小高一實地到林口和桃園參觀他的公司——卓嶽設計，以及相關的模具機械工廠，包括龍生工業、家立鋼模和鎰勝工業。這等於從上游工業設計、中游模具製作到終端的產品製造，實地走訪一遍，帶給他們未來職業的一些想像，了解這一行的可能發展。這些企業無不以上賓之禮對待這群孩子，不僅請來高階主管做簡報，也帶領他們參觀廠房和進行對談，到最後害羞的孩子們都慢慢放開了，勇敢提出許多問題。

回到教室，Neil開宗明義，對孩子們要求三件事：一、認真上實習課；二、學會操作電腦繪圖軟體（CAD、CAM）；三、通過英文檢定（初級英檢、中級英檢）。為了鼓勵他們，他甚至承諾，畢業旅行可以到他泰國的工廠實習兩週，通過中級英檢則頒發高額獎學金。除了親自教授工業設計課程，為了強化孩子學習英文的效能，Neil每堂課陪讀，課後更花時間輔助教導發音和文法練習。

我很感動的是，Neil的教學團隊不僅教導專業知識和技能，更包括工作態度。例如，王豐瑜老師嚴格要求學生進到實習工廠之前必須「全副武裝」，穿上鋼鞋、圍裙，操作機械一定戴上護目鏡。不僅維護學生安全，更是從頭培養學生敬業、嚴謹的工作習慣。

之前班上有一位同學，沒有配戴眼睛，上課時常因看不清楚，總是躲在後面與同學聊天，或是一直瞇著眼睛，以致於被老師誤會不認真。Neil主動輔導他後，發現他是個肯用心的學生。於是每次課後，都額外給他一些作業練習。碰到不會寫的英文題目，他漸漸會自己查字典，甚至請弟弟教他，如期完成作業。Neil一直希望他配眼鏡，但家庭因素使他遲遲沒有到眼鏡行報到。最後還是由公益平台的夥伴帶他到眼鏡行，連哄帶騙說服他配了一副眼鏡，眼睛看清楚了，他上課也更認真了。

學期快結束時，Neil欣慰地與我分享心得，他說：「有個孩子真的是璞玉，空間立體設計概念特別強，舉一反三，簡直可以當我的老師。」這些原本在學習上沒自信，也從來沒體驗過成就感的孩子，如今各方面都在穩定進步，也樂在學習中。但Neil最希望的是，工廠實習的安全觀念不僅要在這個小班級落實，若能更進一步影響全校同學，才是真正造福學生，這也是他最看重的職業品格教育。所幸，公東高工的藍振芳校長一路排除各種阻力，非常用心協助推動，學校各科組也開始受到這股正向力量的影響。

由於平常上課期間，受限於學校機台的數量，學生很難有足夠的獨立實做機會，於是寒假期間Neil又給大家一個作業：「我們為同學特別舉辦了一個工廠實做班，整整十天在工廠實際磨練技術、團隊精神和工作態度。」同學們起初還有些不情願拿假期繼續學習，但營隊結束後，有人甚至感動地哭紅了眼。

在台東老家協助父親務農的王豐瑜老師，更是像重返過去的師徒制時代，把每個孩子看成是過去自己的縮影。

Neil除了不求回報的付出外，在最近給我的一封簡訊上，他甚至說：「Stanley，過去的這學期是我一生中最充實、最腳踏實地的半年，真的謝謝你。」還來不及向他道謝的我，終於體會出原來「施與受」之間，每一個人都有不同的領悟。

除了Neil和王老師在機械科的付出，一〇一大樓工程的設計團隊之一的楊恆立建築師，退休後也住在都蘭，夫妻兩人也成為我們的志工老師，在公東高工開設「玩建築」社團。幽默親和的他，自稱「建築師阿伯」，很快就和二十五位同學打成一片。

「玩建築」顧名思義，不是教導學生建築的設計或工程原理，而在培養孩子對於建築與環境的美學欣賞能力；除了在教室內賞析國外著名建築，培養他們的眼光，更棒的是，「建築師阿伯」還安排了戶外導覽，帶領孩子實地參觀東海岸幾棟兼顧美學特色、又與在地環境呼應融合的好建築，包括椰子海岸民宿、畫家趙艾迪以及楊恆立建築師自己的家。

從椰子海岸民宿，同學看到民宿的細部設計與動線規劃，必須從服務人的思考出發。畫家趙艾迪的家，則以一方水池做為室內外空間的分隔，並藉由水池生態的孕育與維護，強調建築與環境自然平衡的關係。最後，楊恆立建築師甚至開放自己的家，邀請孩子餐敘，討論上課心得。

楊恆立建築師非常細膩，讓每個孩子都有專屬的筆記本，記錄參訪心得和所指派的功課，每一本學生的筆記他都仔細閱讀，並加以鼓勵。例如，一個小女孩寫道，故鄉活水湖是她最喜歡的地方，並順手畫了幾筆，他便回應：「老師覺得妳的插畫太棒了！簡單幾筆線條就把活水湖的美給畫出來了。」

台東縣副縣長、也是建築師的張基義先生告訴我，整個台東真正執業的建築師只有寥寥數位，更沒有原住民建築工作者。難怪我們在台東，四處看到許多地中海特色的藍白建物，卻少見能夠融合自己文化元素以及台東風土環境的好建築。我們衷心地期望，「玩建築」能在年輕的心播下種子，讓他們更認識家鄉的美。我相信這群孩子中間，只要將來有一個能成功留在家鄉，他們就是台東唯一的原住民建築師，更何況，這樣的影響與善念正在逐漸擴大！

第一個系統化的「民宿學」

至於成功商水和育仁中學的觀光學程，所規劃的課程則以了解民宿經營、認識民宿價值、學習民宿管家為主。最近《華爾街日報》有一篇有趣的文章〈二〇一四年不宜購買的十種商品〉，將觀光旅館的客房和有線電視並列為即將落伍的產品，因為比起千篇一律的制式飯店客房，有在地特色的民宿，才是未來旅行的潮流。

我十分贊同這樣的觀點，結合人文素養和當地特色的民宿體驗，絕對是未來的旅行主流，相反地，大量體、大面積的觀光旅館因為與環境保護、節能減碳的趨勢背道而馳，終將被淘汰。

其實做一個稱職的民宿主人必須具備的學養、文化內涵，甚至於生活美學，遠遠超過在飯店只負責局部工作的同仁。這正是代表台灣另外一種生活美學的優勢，但卻很少被政府與學界關注。台灣目前的觀光科系仍缺乏「民宿學」，我們期望透過在台東這兩所技職學校的課程規劃，一點一滴建構相關的知識與學習方法。於是，我邀請近年對民宿下苦功實地研究、也是我長期的合作夥伴蘇國垚老師，主持成功商水的課程，也邀請了旅行業的李文瑞總經理，以及好幾位實務經驗豐富的民宿管家一起到育仁中學授課。

為了讓學生直接接觸民宿，我們帶領孩子走訪花東一間間特色民宿，包括余水知歡、緩慢民宿、沙漠風情、六號交響樂、椰子海岸等等。到了課程後期，在部分熱心民宿主人的協助下，學生甚至有機會直接到民宿實習，從介紹、導引、房務、清潔到餐飲，每個環節學生都可以親自體驗操作。

先參觀體驗、再上課，目的是讓孩子了解民宿到底是什麼、包含哪些職業角色、需要哪些專業技能？認真參訪後，再回到課堂，如此就會知道學習民宿建築的目的何在、學習餐飲等才藝有什麼幫助，以及如何帶領客人體驗民宿周圍的自然環境、學習做民宿主人的細膩眉角。當然，我能理解，大部分的年輕朋友都盼望畢業後到城市工作、體驗都會生活，但即使如此，當他們從內心深處熱愛家鄉的美好，去城市工作抱著學習吸收的心態，終有一天就能懷抱希望

「回家」。

每一個技職教育的伴護課程，公益平台至少指定一位夥伴擔任專案經理兼助教，除了記錄所有教學過程，以便將來提供政府教育單位及其他基金會複製學習與改進之用；並透過WhatsApp隨時傳送資料給相關夥伴，不管我人在哪裡，都能透過即時通訊軟體，全程掌握，同步學習。當然，大部分時候我都保持沉默，不去干擾課程進行，只是偶爾提醒一些細節，例如，我請他們注意，民宿管家們都有很好的氣質涵養，這正是學生們要學習的地方。

有一張成功商水學生的參訪照片令我特別有感覺：在民宿門口，每一雙男同學、女同學的黑皮鞋，都排列得整整齊齊，他們穿上筆挺制服、打上領結，以最嚴謹的態度參訪民宿，得到民宿主人真誠的回饋。行程順利完成後，夥伴傳來心得，說「他們真的是很有禮貌的小孩，他們的熱情讓民宿業者非常開心。」

讓孩子看到自己的長處

負責成功商水專案計畫的蘇國垚老師，一開始上課就特別叮嚀學生：「我們要做別人不想做的，要做別人不願意做的。做自己，發揮自己的長處。重要的是，人絕對不要害怕自己的長處遭到其他價值觀的否認。」蘇老師自己以身作則，地方再偏遠、時間表再緊湊，仍然不放棄給任何年輕孩子上課的機會，總是熱情洋溢、活力十足。

學期結束時，育仁中學觀光事業科特別舉辦「民宿產業特色課程成果發表會」，內容包括「特色民宿客房展覽」、「創意餐桌擺設展覽」、「餐服接待禮儀」、「口布摺疊表演」等。學生們花費兩週的時間，自行規劃、設計、改建教室，利用假日主動到校粉刷、清潔，會場的每一項小細節，都是學生一點一滴的心血。

發表會當天，同學們使出全力，盡情展現。觀光事業科主任蕭浚儀表示，這些孩子們曾經是嚴重自我放棄、毫無學習目標與動機的青年，如今在公益平台與學校老師愛心的陪伴下，重拾自信。孩子們自己則說：「我們是一群從無到有、從零開始的孩子，從剛開始的放棄到現在的努力，都是一步步成長的過程，謝謝大家的栽培，使我們更加茁壯。」「我們沒有很多錢，所以我們用創意布置，我們用心布置，希望讓大家感受到我們對大家的感謝。」

讓偏鄉孩子了解自我與發展自信，這些嘗試只是跨出一小步，但只要有人用心帶領，用專業指點方向，他們的潛力、能力和熱情，絕對不輸給資源豐厚的都市學生。

趁早培養第二專長

除了機械加工、觀光學程和民宿管家，在台東體育中學進行的「第二專長計畫」，也是首見的嘗試。很多人都知道，藝術和體育是原住民孩子的強項，體育中學的學生大多數是原住民背景，運動好、體能佳，比較不愛閱讀等靜態學習。然而，現實前途的挑戰很嚴峻，運動科系最好的出路是當專職運動員或體育老師、體育教練。不論何者，都是僧多粥少。因此，在為他們規劃課程時，特別希望這些孩子趁早培養出一、兩項兼顧市場需求及興趣專長的專業技能。

我們思考，花東得天獨厚，風景秀麗多異，有高山，有海洋，有河流，是全台灣發展生態旅遊最好的地方。事實上，目前國內外已有愈來愈多的行家來到台灣，直奔花東騎單車、衝浪、溯溪、進行鐵人三項等各式刺激的戶外活動。

在我的請託下，本身就是原住民的瘋馬旅行社總經理李文瑞，立刻從台北率領一群夥伴，一起加入這個實驗課程的規劃。「體中第二專長——生態旅遊系列課程」有五個主題：單車安全教練、極限運動安全教練、生態導覽、海洋生態保育與民宿管理。上完一系列課程，同學可以認識不同性質、不同領域的專業，這些專業的共通點是：它們都需要好體能，以及對於生態環境的深度理解。

我特別提醒夥伴們，面對類似體中背景的同學，要考慮他們好動的天性，課程不能從頭到尾都是單向說話，必須一邊講，一邊示範。例如，講到單車的正確騎法，就讓同學先做示範，然後指出他的缺點；講解急救護理時，就拉同學來做實驗，看摔倒後如何包紮、穩定傷口。參加這類課程的同學，大約都在十五、二十分鐘後就開始恍神，所以一定要每講解一段就操作一段，比起全部講完，再重新操作會更有學習效果。

至於單車安全教練課程，領騎教練會先示範車隊中的工作內容以及態度，然後帶著每個學員，騎著自己調校好的單車，一圈圈的練習。而到了極限運動（溯溪）安全教練課程，教練則會帶著大家到戶外場地探索練習，從各式基礎結繩練習一直到先峰攀登示範。生態導覽戶外課程則會到台東地質風景區小野柳進行訓練。

四十八位學生分三組，一位講師帶十六位學生，按原先規劃的路線，以遊客中心為起點，按部就班進行生態、地質、植物解說課程。每個同學都帶著相機與放大鏡，沿著步道認真記錄，學習植物、昆蟲和鳥類等生態環境相關知識。

到了海洋生態保育單元，則邀請黑潮海洋文教基金會講師蔡偉立老師分享「海海人生」。年輕孩子雖然從小與山海為伍，卻不見得了解海洋生態，因此，課程會從看見海洋的美好開始，認識鯨豚種類、陸蟹生態、浮游生物等海洋生態，後續再介紹台灣東海岸相關行業，例如漁業，賞鯨、海事工程，並介紹海邊運動與所需專業，包括救生員、運動教練、生態解說員，讓學生了解人與海洋的關係。

這樣的課程讓學生看到，原來自己擁有的運動天賦非常有價值，未來不是只能做運動員或體育老師，只要找到領域，充實對這片土地的深度知識，就有許多發展的可能。體中第二專長計畫中，李文瑞總經理是最受學生歡迎的老師，他用活潑的方式上嚴肅的課程——「與主流市場的對話：走不一樣的路」。透過影片與學生對話，分別討論在職場上應具備什麼認知與態度、如何認識自己的優點、培養可與主流對話的專業技術（一技之長）以及尊重並接受他人文化等主題。

所有這些課程的目的，當然是協助年輕孩子找到興趣、認識自我、啟發對未來前途的思考。但更重要的是，課程的核心基礎，都在於讓他們更認同、更理解花東故鄉的生態地理環境、豐富的族群文化，以及彼此的特殊關聯性，建立對家鄉的認同與自信。

不諱言，十五、六歲年輕一代的原住民孩子，對族群文化的認知，其實還有待強化。因此，育仁中學的觀光學程特別邀請資深導遊，深入敘述台東的生態與人文特色，再讓同學分組研究。

當孩子拿出簡報檔，侃侃而談卑南文化公園、達悟族飛魚祭，以及排灣族文化華麗的服飾和圖騰時，我們知道，他們不僅在訴說過去的族群故事，也在實踐未來的傳承。

捲起袖子做事

表面上看來，我們動用了這麼多、這麼重要的專業天使，去為四所技職體系中學的年輕孩子上課，好像有點「小題大做」。但事實上，凡事起頭難，偏鄉的職業教育資源又是如此缺乏，想要真正找出優勢，全力發展與複製，就必須全心投入。

這個過程中，包括我個人在內，一路上都在學習、反省與思考，但收穫非常大！我更深深體會到，一個專業教師要如何在第一現場操作，才能將對學生的期許如實轉換成課程的要求，讓他們確實學習。公益平台的夥伴們鉅細靡遺、詳實記錄了上課過程，正是為了做為未來其他教育專家參考的範本。也許，台灣技職教育的改變，就能在這一刻展現出來！

我特別感謝與感動的，當然是許多不計時間與金錢，一起投入課程的「專業天使」們。在這個到處瀰漫著負面情緒的台灣社會裡，他們看到了教育的城鄉差距，看到了資源分配不公等難解的問題；然而，他們深刻認知到，與其不斷地批評，還不如捲起袖子，自己來做！他們的態度是多麼實在與重要！

我們最終的目的，還是要為台灣每一個不同的地方、不同文化背景的偏鄉，試圖探尋出一條持恆永續的發展道路，成為政府及學界參考的藍圖。偏鄉技職體系的孩子，不該是被放棄、被輕忽的永遠弱勢，花東的未來需要年輕一代的投入和參與。

當孩子們擁有自信與能力，用專業技能裝備人生，並且選擇留在家鄉生根，花東才可能成為台灣真正的淨土，也才能找到一條經濟活路與文化延續、共存共榮的新選擇。

我也相信，同樣的現象也同時在台灣的每一個角落發生，只要我們應用同樣的模式，但針對不同的地方文化、景觀和特色做出調整，一定能使職業教育走出不同的風格與特色，為明日的技職教育找到出路。

結語

問題是我們這一代造成，也得在我們手中解決

在西方，許多名人演講常常喜歡引用聖雄甘地（Mahatma Gandhi）的箴言，原文為「Be the change you want to see in the world.」，中文翻譯或許可以是：「成為你在這個世界上希望看到的改變。」

另一句話也令我印象深刻：「心若改變，態度就會改變，態度若是改變，習慣也會跟著改變，習慣改了，性格也會改變，性格改變了，人生就會轉變。」

雖然甘地過世多年，印度依然尚未達到他所期待的未來。天真的我，卻始終相信，台灣是有可能改變的。

台灣，歷經許多風雨的洗禮，逐漸邁向更加文明的社會。我們明明已經具足許多成功的可能條件，卻因為缺乏對重要議題的全民共識、自省能力，以及踏實的執行能力，讓我們屢屢在關鍵時刻的轉彎，加速無力，甚至停滯不前。

在失望的谷底看到光

像很多親愛的朋友一樣，我也曾著急、心慌。畢竟，看到其他國家正卯足勁前進，相較之下，台灣社會力量虛耗，政府效能空轉，怎能不憂心忡忡？然而，寫作此書的這一年，我的心境卻真真切切地「改變」了。透過思考、研究與觀察，我一天一天發現，就在失望谷底，翻轉的希望種子已然播下。從企業界、教育界到媒體界，不少人已經找到驅逐無力感的「藥方」：他們不再期待政治人物和資源掌握者，不再期待別人改變，而是捲起袖子，努力成為「你在這個世界上希望看到的改變」。即使努力再微小，即使可能失敗，他們仍願意從自身開始，讓自己成為改變的一部分。

例如，在我所參與的偏鄉教育工作中，看到了一些希望和可能。尤其近一年，許多討論都集中在「翻轉教育」。很多有熱忱、想改變傳統教學模式缺失的老師，由於等不到公部門的變革訓練機制，紛紛加入民間自發的教育平台，學習如何結合雲端平台課程，把教室由「以老師為核心」，翻轉成「以學生為主體」，不僅將講台讓給學生，也將學習主動權和思考表達的空間交到學生手中。

翻轉教育，翻轉教室

兩年多前，我向公益路上的夥伴——誠致教育基金會董事長方新舟先生，提到美國最大的線上教育網站可汗學院正在改變美國的教育。他是行動者，立刻研究可汗模式，決心為華人打造一個以華語教學為主的均一教育平台。雖然，這任務幾乎是由矽谷回台、投身公益的新舟和誠致夥伴全力主導，公益平台只是從旁配合，但新舟堅持以「均一」來命名。其目的有二：一、因為我們在台東已有一所實體的「均一中小學實驗學校」（方新舟也是董事），二、我們都希望，台灣城鄉教育品質的嚴重落差，可以透過均一網站，以及其他面向的整合，為偏鄉、更為台灣創造「均等一流」的學習機會。

「均一教育平台」是一個非常費時、費力，也耗錢的教育網站。一方面我們必須動員許多專業同仁、老師及志工，把所有中小學課程製作成短片單元，並上傳到網站平台公開。另一方面，我們必須了解偏鄉教育真正面臨的問題。於是誠致基金會及公益平台整合了全台十六個在偏鄉從事課輔工作，服務超過三百位學生的教育社團，在台大李吉仁教授的主導下，先利用研討會了解所有網站在社會服務最前線的夥伴們，所面臨的最重要的六個優先問題，透過探索問題尋求共同的合作模式。

在正式啟動之前，遠在台東偏鄉的桃源國小鄭漢文校長，首先運用英文的可汗學院內容做實驗。當均一教育平台上線時，他也是第一個試用的偏鄉學校。在證明有效後，鄭校長（也是基金會的董事）也就成為最佳代言人。他帶著老師、學生在全台各地示範，也讓「均一教育平台」能夠適時成為輔導志工可以利用的工具。

這是一段整合許多專業者的縝密計畫，經過一年多的努力，我們不但對平台的宣傳產生了具體的範例，也變成了影響全國各級學校的先驅，成為第一次由偏鄉影響城市的教育工具。隨著使用者的增加（目前已超過三萬人註冊學習），這個完全由誠致基金會以一己之力，沒有政府支援的網站，已成為目前全力推行的翻轉教室重要的運用工具。隨著使用者增多，我們也開始一面向全國招募教學志工，一面向企業募集平板電腦，也為有志於「翻轉教室」的老師進行一場大型的「翻轉教學教師研討會」。二〇一四年一月二十五日，由台大師培中心、誠致基金會、公益平台共同主辦的第一個向全國老師開放的「翻轉教室研討營」正式啟動。我們原來預定一百五十人的座位，最後報名七、八百人，最終勉強擠進了兩百五十位來自全國各地的老師。我們真實的感受到，將學習主導權還給學生的翻轉教育運動已經啟動。

隨著三月二十二日在偏鄉舉行的第二場研討會報名盛況，我們看到，老師已經不再是冷漠的觀察者，而是實際的參與者。一路上，看到許多走向實踐之路的優秀老師與校長，也看到了台灣教育改革的曙光。

媒體獨立與獨立媒體

在此同時，我察覺到民間力量主導的變革，並不止於教育這一塊，長久以來是台灣亂象之一的媒體，已經一步一步地展現自主性的改變。

導演李安回台灣主持金馬五十的評審工作，曾經坦率地說：「台灣人好、地方好，但政治、媒體不太好！」在一次座談會上更說，台灣電視新聞淨播報一些雞毛蒜皮、小貓、小狗的事，沒有世界大事，實在不像話。他期盼媒體爭氣，多報導世界相對重要的大事。李安說的其實是大家早已知道的問題，但換個角度，媒體的惡質不正是視聽大眾的消費選擇餵養而成的？

一些保有理念的媒體工作者，何嘗不沉痛、不反省、不想改變呢？之前有人傳一篇資深記者的文章給我，他就反思：「每個人心中，都有顏色。但是你該怎麼樣面對記者這個角色？就像總統，你不是一半人民的總統。記者寫出來的，也不是只給一半的人看。」文章也引用另一位政治線記者的故事，敘述這位記者到中央災害應變中心採訪，發完照片後，長官打電話問他：「馬有沒有打瞌睡？」他說沒有，自己一直盯著馬英九和江宜樺看，長官再追問：「那為什麼有一系列睡眼惺忪的照片？」「不知道，照片是一秒鐘的事情。」網路果然瘋傳一系列總統睡眼惺忪的照片，大量網民轉貼嘲笑。當媒體主管為了「搶眼球」，而要求第一線工作者追求聳動的畫面，甚至因為心中的顏色而扭曲報導角度，第一線工作者的報導簡單化、負面化、狹隘化，只能說是不得不然的惡果。

美國一份專業期刊《外交政策》（*Foreign Policy*）於二〇一四年二月，發表了一篇在台灣工作的外籍記者福克斯（Chris Fuchs）的專文，其中指出台灣的新聞自由雖是亞洲第一，不過從外人來看，過去幾個月，全台灣似乎只有兩件「大事」，一個是黃色小鴨，一個是台巴混血兒吳憶樺回台灣。他引用諸多受訪者的批評，直指台灣媒體濫用自由，煽情媚俗，又八卦，把閱聽大眾餵養成僵屍。他下結論說，除非閱聽大眾拒絕繼續消費，台灣下一代只好繼續忍受「腦殘式新聞的疲勞轟炸」。

我並不像該位外籍記者悲觀，因為媒體的改變已經開始。以最被詬病的傳統主流媒體來說，已有不少媒體有意識地開始製作深度專題，到國際現場採訪，將各國政經發展、青年問題、教育體系，以及因應危機的變革經驗，大篇幅地進行跨媒體合作報導，提供民間和政府許多新穎思維。我非常想了解讀者對這類深度報導的反應如何，因為過去這類「調查報告」出刊的當天，報份就會掉下來，影響閱讀興趣。探詢之下，一位負責的媒體主管告訴我，目前不但讀者反應良好，也鼓勵他們應該繼續深入挖掘，有些人甚至樂於提供素材，就連政府官員也都主動邀請報導記者進行深度了解。顯然，厭惡媒體墮落的閱聽大眾，早已期待媒體改革。面對「人人都是媒體」的社群網路時代，有危機意識的主流媒體已經發現，比起八卦、零碎和扒糞，深度分析、尋找解決之道的報導，更應該是他們扮演的角色。

另一個驚喜是，公共電視終於結束被藍綠政治勢力挾持多年的悲慘命運，選出一群社會公正人士進入董事會。台灣科技業的指標性人物施振榮先生，幾年前就跳出來擔任國藝會董事長，成為一週五天出現在音樂廳與戲劇院的常客。而在重新引領宏碁改造之時，他慨然接受公共電視董事一職。

同樣也是科技界傳奇的童子賢先生，事業有成後從未間斷支持文化事業，不但是誠品幕後的重要夥伴，也是許多文化藝術及弱勢團體幕後的大天使，他目前也是公視董事。

此外，包括姚仁祿先生、侯文詠先生，甚至已經去國多年、目前仍擔任紐約公共電視副董事長的陳倩瑜女士，為了「為台灣做點事」，每次都是自費來回於美台之間。雖然公視改革的路才剛剛開始，但是，代表超然、公正的人願意加入，就代表改革的契機已經到來，我非常期待他們的加入，能為公共電視帶來全新的展望。

拿回自己的力量

更讓人期待的，則是多元又精采的獨立媒體現象。許多知識工作者再也無法忍受財團與政治勢力對於媒體獨立性的侵蝕，選擇以網路打開新通路。例如，金融界的傑出人物張果軍先生與傳統媒體指標人物王健壯先生，聯手成立了以維護媒體獨立性的「風傳媒」。民主的庸俗墮落，其實是許多民主國家共同的弊病，於是德國出現了以網路工具直接監督議會的「國會觀察」網站，並且大獲成功，而且逐漸擴散到歐洲各國。台灣則出現「零時政府」，九百多位無酬參與者，出於不滿民主現狀，以科技實踐公民參與。他們串連討論開發出「立院影城」、「立法院專案」等二十個網路應用工具。不管是中央政府預算、民意代表的政商互動，或是任何政治運作，都已經從黑盒子解放出來，一切無所遁形。在科技的發展下，只要能上網，選民就能監督自己選出的民代。

再如關注農業、食物與環境議題的「上下游市集」，雖然專職記者不多，卻以「揭開假米粉真相系列調查報導」，得到卓越新聞獎和消費者權益報導獎。又例如，「埔里小農與瓶裝水工廠的戰爭」獲得了台達能源與氣候特別獎，證明了獨立媒體一樣可以進行深度報導，發揮影響力。此外，如PanSci、全球之聲、關鍵評論網等獨立媒體的出現，各有其專業和分眾，不僅提供閱聽人更多判斷的管道，更促發公民意識的覺醒。雖然目前仍在起步階段，但仍非常值得關注。而這兩年，社會企業資訊匯流平台「社企流」，也影響、鼓勵了更多年輕人投入自己的事業，給了另一個選擇與人生方向。

當我看到以上媒體的種種改變，實在非常振奮。這些不僅反映出台灣的公民意識正在崛起，也代表人民自覺運動正在萌芽。就個人來說，經過四十多年來與世界接觸的專業生涯，讓我看到了台灣在各領域的優點與缺點，也每每在關鍵時刻忍不住用書寫與演講的方式，希望喚起國人的重視。這其中也盡量希望在自己有限的資源下，親自實踐，意圖向政府與民間證明一個正確可行的方向。但非常遺憾的，總是發覺即使短暫地產生一些改變，最終仍無法造成翻轉式的變革。於是，我的結論是：在一個嘈雜紛亂的拓荒年代，要看出問題並不困難，要找出解決方法也有可能，但最終成敗，仍取決於能否凝聚共識，並轉化為改變的行動。

因此，我深深期待，大家一起，不做旁觀者，捲起袖子做事，共同成為改變的力量。

延伸思考

媒體應有的使命

媒體被稱為是民主社會的「第四權」，媒體最重要功能之一，是必須在政府與公眾之間扮演中立客觀的角色，協助大眾了解公共事務，深入問題，以報導和評論做為對政府的制衡力量。這是多麼榮耀的一頂神聖桂冠，也是媒體無時不可忘懷的社會責任。同樣地，媒體也是社會教育至為重要的工具，任何一條煽動性的標題，任何一則斷章取義的扭曲評論，都會對社會產生無形的殺傷力。

當我們對台灣的失序歎氣，又不甘心放棄的時候，也有為數不少的媒體人，像我一樣懷抱「如果大家一起為台灣多做一點事，也許可以扭轉情勢」的心情，媒體人的自省和提升，絕對是改變社會亂象最重要的關鍵之一。

傳統媒體雖然受到網路極大的衝擊，但無可否認，它仍擁有相對較寬廣的人力資源與實質的影響力。它明明可以用廣大的實力，以更寬、更廣的高度來做為人民的耳目，但除了少數例外，太多傳統媒體的報導都自甘於狹小而庸俗，甚至「色彩鮮明」。我想提醒每一位媒體人，即使只是個體，也請不要小看自己的進與退、分寸的收與放之間可以產生的影響力。

對於科技時代日益蓬勃的網路獨立媒體，優勢在於短小輕簿，不要想要每件事都做，大眾媒體的狹隘正是可以發揮的空間，只要能夠維持客觀視角、專注於訴求的對象，深耕於探索的內容，必能引起共鳴，產生影響！

至於比較沒有商業壓力的公共電視集團，其中包括了原民台、客家電視台，我最單純的期盼，其實是「做商業電視台做不到的事情，做商業電視台不願做的事情」，反過來說，就是商業電視台已經在做的事情，就不要再浪費資源。如何把台灣的社會帶到一個更有文化深度的未來、更具寬廣國際視野的未來，才是公共電視集團最重要的使命。

後記

一路走來，始終無法放棄台灣年輕人的未來

六句人生匆匆而過，驀然回首，竟發現藉由書寫，為自己每一個生命階段留下紀錄，也無意中為台灣的社會變遷留住一些野人獻曝的反思軌跡。

四十多年前的我，是一個還在社會基層奮鬥、摸索的年輕人。就像大部分早期台灣的年輕人，雖然感覺到社會的動盪與不安，台灣的國際處境與經濟不斷受到挑戰，但自己唯一能做的，就是很認分地埋頭苦幹，盡一已之力，努力把工作做好。

初入社會之時，只能從求生存開始。當一切慢慢邁向穩定，工作稍有所成後，很自然地就開始關注社會各種問題，期許能夠對社會略盡棉薄，於是我開始從觀光、文化、弱勢等尋找切入角度，與各領域夥伴共尋出路。久而久之，自然把關注的焦點轉移到了青年人的未來，因為我深信，青年人的奮發、意志與視野，與台灣的未來息息相關。

將近二十年前，我開始著手撰寫《總裁獅子心》。在那本書上，我鼓勵年輕人要腳踏實地、埋頭苦幹、耐得住挑戰，只要誠懇、認真，努力尋找自己的優勢，終有成功之日。在書本的後半段，我也提到，當時的社會充滿炫富心態，迷失在「台灣錢淹腳目」的浮誇裡。於是，我用三句話描述台灣當時的社會亂象：「我們充滿了金錢的暴發戶，我們也充滿了政治的暴發戶，我們也同時充滿了宗教的暴發戶！」

我呼籲大家要做發光體，不要做反光體；不要倚靠表面的光鮮亮麗，實際上只是鏡面反光的反光鏡，要自我期許做為能夠改變社會的發光體。

我所看到的未來

隨著時代挪移，數年後我觀察到社會已持續變化，世界開始走向另外一種競爭型態。

我發現，世界的競爭逐漸沒有藩籬，於是在二〇〇二年的《御風而上》一書中，我以印度、中國為例，陳述我從七〇年代、八〇年代，一直到九〇年代對社會的觀察。書中預告，一個競爭無疆域的時代已來臨，我告訴年輕人：「你們未來的競爭者不再是隔壁的同學，甚至也不是其他台灣的競爭者，而是遠在中國、印度或者世界任何一個角落，逐漸孕育萌芽的競爭者。」我呼籲年輕人要「御風而上」，以更高的視野觀察世界的競爭與變化。

三年以後，美國著名的評論家佛里曼出版了《世界是平的》，其中的論述大致與我二〇〇二年對台灣年輕人的預告沒有太大的出入。

接下來的歲月，是我生命中另一個高潮。

我一方面看到台灣技職教育面臨盲目擴充的危機，同時也觀察到地球暖化、生態資源破壞的問題，而當時政府卻在缺乏整體規劃的情況下，計劃開發蘇花高速公路，花東的未來即將面臨盲目開發的浩劫！於是，我積極地公開呼籲、寫作，向政府提出建言，試圖將台灣的觀念導向一個正向的方向，這其中有成功，也有挫折。

那段時期，另外一個角色的我，已下定決心走向世代交替、準備交棒的人生階段。我陸續卸下了史上任期最久的台灣觀光協會副會長到會長的角色。我離開了所有過去參與的國際組織，卸下了中華美食推廣委員會主任委員的職位，最後也卸下了台灣國際旅展主任委員的工作。

那時的我，開始準備向終身參與的觀光事業，默默道別，於是在二〇〇八年，寫下了《我所看見的未來》。我希望能和下一代從事台灣觀光事業的朋友，分享我一生從事觀光事業的心路歷程，指出未來可能的發展方向。更重要的目的是希望為當時即將上任的政府提出建言。

我希望他們重視人類未來發展的方向，希望他們看到我們在華人社會擁有的文化優勢，也希望他們在面對即將開放的大陸觀光市場，如何以戒慎恐懼的心情，善用這個契機，順勢將台灣提升至一個新的高度。

在書中我提到，文化是觀光最大的加值，觀光是台灣非政治外交的重要資源，並以三階段來描述如何開發台灣的觀光資源。

另一方面，我也看到台灣無辜的青年人正在逐步走向盲目廣設大學的陷阱，找不到方向、看不見未來！我甚至領悟到，政府與政客交相討好的結果，下一代年輕人必將成為犧牲的對象，於是我寫下了《做自己與別人生命中的天使》。我以超過四分之三的篇幅希望年輕人要先發掘自己的潛能（天賦），學會觀察問題的能力，同時延伸自己的觸角，尋找自己的優勢，放大格局與世界溝通，迎接一個全新科技新世界的到來，並且勇敢的走出去、付出自己的熱忱，學會做自己的天使。

然而，在第六章我不得不寫下我真正的憂慮，當時的心情其實是沉重的，對年輕人既疼惜又擔心。因為我已預見，當大量華而不實的大學大量製造大學生後，必然有更多空有學歷而無能力的年輕人，進入社會後，終將面對嚴酷的考驗。

我期許年輕人，要有面對壓力與無常的能力，要有自我療傷止痛的方法，更要尋找令自己安心的工具，充實自己的心靈，並從中找到療癒的工具。除了認識工作的意義，還要學習過一個「平凡但不平庸的人生」。最後我希望年輕人，在為自己尋找人生出口的同時，學會關懷別人，「做別人生命中的天使」，找到自己生命真實的價值。

二〇〇九年，我準備卸下專業工作中的最後一個角色，那就是任職超過三十年的亞都麗緻旅館系統總裁。就在那一年，台灣發生了八八風災，也是在那一年，我意外發現身體的腎臟腫瘤。

我一方面為了向亞都的董事會以及同仁表達我最深的謝意，感謝他們讓我能夠利用亞都飯店做為平台，為台灣交朋友，向世界發展觀光；另一方面，也為了鼓勵台灣更多的民間企業，可以在自己的領域發揮對社會的企業責任，於是寫下了《你可以不一樣》。

每一本書，無意中都為我生命的每一個重要階段劃下句點。然而，我始終縈繞於心、無法放棄的是台灣年輕人的未來。

翻轉教育，翻轉人生

當我觀察到，自工業革命以來，延續了超過百年的世界教育模式正在轉向，教育不該再是「注水入壺」，而應是「點亮蠟燭」，當時，多方猶豫之後，二〇一〇年我終於寫下了《教育應該不一樣》，希望讓社會重新重視被摧毀的技職教育、被忽略的城鄉教育差距，以及台灣遠遠落後、不夠國際化的事實。

而我自己，也終於可以開始實現人生的另外一個規劃：走向偏鄉，以身試煉！坦白說，以一個身體已經去掉一個膽、少了一粒腎的人，實在不敢給自己太大的承諾，於是我以三到五年為一個時間刻度，二〇一二年出版的《為土地種一個希望》，就是在這樣的背景下做出的階段性工作報告。

每一次的分享並不是急著炫耀自己工作的成就，而是感受到台灣未來競爭力正在消失，重新建立社會的信心與價值觀，是大家殷切期盼的訊息，也是向所有來自各行各業、全心投入的志工天使表達我的感謝。

蒙老天爺厚愛，我的健康居然保持穩定！原來基金會只計劃示範性地為偏鄉孩子找到一條留在家鄉與回家的路，但在大家的支持之下，卻讓我能夠更深入地蹲下傾聽與冷靜觀察。

我發現，世界的教育趨勢正在快速地改變，包括史丹佛、哈佛、麻省理工學院等國際一流學府，也加入了數位教學，更多的線上教學鋪天蓋地而來。這不僅改變了傳統的學習模式，更打開了偏鄉的學習管道。同時間，也相對拉大了英語系國家與非英語系國家的學習差距。當七〇％以上的數位教學是以英語為主時，剎時，英語已不再是溝通的媒介，而是必要的學習工具。

站在台灣命運的交叉口

與此同時，台灣的未來競爭力，也面臨了有史以來最嚴重的考驗。表象的台灣，被政客與媒體操弄到無法前進的困境；內在的台灣，卻在過去積累多年的文化、民主、環保及文明等領域上，有許多值得讓人珍惜的表現。台灣正走在一個命運改變的交叉口：貧富差距正逐步擴大；公共資源正被政黨巧立各種名目，以討好選民的方式在消耗；國家負債正在持續地增加；而無辜的青年人卻在茫然中找不到方向和未來。

近年來，我在許多演講場合不斷的提醒社會：我們正在耗盡昨日人才的存糧，我們的技職教育也正在被摧毀中。是的，這一切都是事實！但是，回看世界，又有哪一個社會是絕對完美？

台灣是你我與我們未來子孫必然安身立命的地方，看看同樣是華人社會的香港，隨著「五十年不變」的限期一天天的接近，面對的是更無法掌握的未來。而中國大陸從文化大革命到天安門事件、到後來的經濟快速成長，就在全世界都一面看好的情況下，隨之而來的貧富差距問題、社會貪腐問題，也都在在挑戰著領導人的智慧。尤其當社會缺乏宗教、文化與文明的力量，以及自我反省的力量時，重新建立起正確的價值觀也相對更加困難。

其實，台灣是可以有選擇的！台灣也可以對大陸產生正向影響，在一個語言可通，文化相同的社會，其實很容易就可以影響於無形之間。

因緣際會之下，你我生長在這樣的時代，我們責無旁貸，也別無選擇。在此，再次呼籲每一位朋友，參加我們的行列，讓我們捲起袖子，一起來做，因為你我就是改變的起點！

最後，我要再次感謝天下文化的所有夥伴，謝謝高教授、王發行人始終的支持與肯定，謝謝林天來副社長、馥鵑、瑋羚等無數位幕後支持的夥伴，我更要感謝的是宜芳與安妮，這一年來，你們要忍受我不斷的改變、重組、修正再出發，即使是付梓的前一天。

心理勵志 BP344

你就是改變的起點

國家圖書館出版品預行編目(CIP)資料

你就是改變的起點 / 嚴長壽著. -- 第一版. --
臺北市 :遠見天下文化, 2014.03
面； 公分. -- (心理勵志 ; BP344)
ISBN 978-986-320-393-3(平裝)

1.言論集

078 103001719

作者 — 嚴長壽
採訪整理 — 余宜芳、郭貞伶、蔡馥鵑
資深行政副總編輯 — 吳佩穎
責任編輯 — 黃安妮
封面設計暨內頁設計 — 三人制創
封面攝影 — 陳應欽

出版者 — 遠見天下文化出版股份有限公司
創辦人 — 高希均、王力行
遠見・天下文化・事業群　董事長 — 高希均
事業群發行人／CEO — 王力行
天下文化社長／總經理 — 林天來
國際事務開發部兼版權中心總監 — 潘欣
法律顧問 — 理律法律事務所陳長文律師
著作權顧問 — 魏啟翔律師
社址 — 台北市 104 松江路 93 巷 1 號 2 樓
讀者服務專線 —（02）2662-0012
傳　真 —（02）2662-0007；2662-0009
電子信箱 — cwpc@cwgv.com.tw
直接郵撥帳號 — 1326703-6 號　遠見天下文化出版股份有限公司

電腦排版・製版廠 — 立全電腦印前排版有限公司
印刷廠 — 中原造像股份有限公司
裝訂廠 — 中原造像股份有限公司
登記證 — 局版台業字第 2517 號
總經銷 — 大和書報圖書股份有限公司　電話 — (02)8990-2588
出版日期 — 2014 年 3 月 31 日第一版第一次印行
2019 年 6 月 3 日第一版第二十一次印行

定價 — 350 元
平裝版 ISBN：978-986-320-393-3

書號：BP344
天下文化官網 — bookzone.cwgv.com.tw